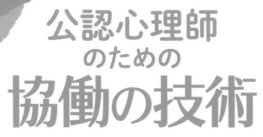

公認心理師
のための
協働の技術

教育と産業・労働分野における工夫

徳田智代
坂本憲治
隅谷理子

［著］

金子書房

推薦のことば

ＩＰＩ 統合的心理療法研究所
平木典子

　心理的支援を含めて 21 世紀の人々の働きは，これまでにもまして協働になっていくことが予測されています。

　協働とは，コラボレーション（collaboration）ともいわれ，そのことばの意味は co-labor，つまり，二人以上の人が共通の目的に向かって主体的意欲とそれぞれのもてる力を合わせて，働き，成果を共有することです。協働には，人々が物事を一緒にするという意味の「共同」や，力を合わせる「協同」にはない，人々が違いや専門性を持ち寄って，その特徴を活かし合うことによる相乗効果をねらった主体的，専門的働きかけ合いがあります。

　この多元性と多様性を重視する協働は，今や，「カウンセリング・心理療法の専門家であるセラピスト・カウンセラー」と「自分自身の専門家であるクライエント」の協働（働きかけ合い）による自分らしい生き方の支援には不可欠の考え方と技法になっています。

　本書の特色は，21 世紀の心理療法のこの方向性を「協働」という視点から早期に追求してきた著者三人が，各自のカウンセリングの実践と研究を基に，一見，カウンセリングという心理内的支援と理解されがちな働きが，実は，人々が共に生活し，働き，生きていく場における人々による関係づくりと協働の作業であることを明示しているところです。それは，各々の教育と産業・労働の現場におけるカウンセリングの具体的，かつ創造的な協働の工夫の事例を通して，わかりやすく語られています。

　公認心理師は，まず一対一の個人的心理支援の考え方と方法を学び，身につけることが重要です。それはカウンセリングの現場におけるカウンセラーの仕事の重要な部分ではありますが，それがすべてではありません。本書は，クライエントの心理支援という働きは，その人が自分らしく自分を活かして生きる支援であると同時に，その人を取り巻く家族，学校，職場，コミュニティにお

けるその人らしい生き方が実現できることをも視野に入れた支援がなければ実現しないことを教えてくれます。

　カウンセリングとは個人の自己実現の支援を通して，その人が生きる環境づくりにも貢献する働きかけであることに視野を広げる著書として，初心のカウンセラーにぜひ読んでほしい一冊です。

第2部　多職種協働の事例（発展編）

第3部　多職種協働の理論

付録：私の協働の原点

協働のこれまでとこれから

1.　多職種とともに協力して働くことの難しさ

　多職種の方々と，ともに協力して働く。心理職は，永きにわたりこのことが難しかった専門職だと思います。医師や看護師，精神保健福祉士，作業療法士などの医療従事職，弁護士や会計士，社会保険労務士などの士業，小中高の教師など数ある専門資格職は，社会の中で，日常的，常識的な対話をし，お互いの専門性が何であるかを理解し，尊重して職務をまっとうしているように見えます。しかし心理職はこうも常識と思えることに困難を抱えてきました。なぜでしょうか。

　巷では「心理の常識は社会の非常識」という言葉があります。心理職は，一般常識とは異なる角度から物事をながめ，社会に容認されがたいようなことにも理解を示し，専門的な仕事に取り組んでいる側面がある。そのような意味を含む言葉として用いられているようです。

　例えば，不登校という問題に対して「なぜ学校に行かなければならないのか」と問うこと。ニートや引きこもりという問題に対して「なぜ引きこもっていてはダメなのか」と問うこと。非行に走った少年，犯罪を犯した成人に対して「そのような状況であればもっともなことだ」と心情を容認すること。やや極端な例えではありますが，そう外れた見解ともいえなさそうです。

　不登校やニート，引きこもり，非行や犯罪は一般的にいって解決すべき，解決することが望ましい問題です。胃潰瘍や脳腫瘍など身体の病は治癒したほう

がよいのと同じです。これらは社会の中で，多くの人たちが問題解決に向けて一致団結しやすい問題といえます。

それに対し，心理職は問題に対してクリティカルな視座をもち，個人（相談者）に関わろうとするところに，専門性を有しています。一度常識という枠組みを横に置き，いったん離れて，個人の体験や感情に思いを馳せる。深い体験レベルで共感し，相手の立場に立って理解する。その態度，基盤をもって，相談者とともに妥当な落としどころを探る。このことが，心理職の基本的な仕事です。少なくとも私はそのように理解しています。

逆説的ではありますが，社会一般とは異なる態度で向き合われるからこそ，相談者の心は楽になり，いつまでも目を背けていたい課題，人生の中でこじらせてしまった問題に少しずつ向き合えるようになるのです。

こうしたニッチなものの見方や考え方は，一般には理解しがたいことです。私たちの仕事を理解してもらうには，こうした非常識な視座を活用する事実を，心理職ではない人たちに少しずつでもわかってもらう必要があります。実は，それは容易なことではありません。

こうした背景からか，心理職は社会に理解されることをいったん横に置いて，独自に発展してきたように思われます。どうせ言っても理解されないだろう。私たちだけが理解し，相談者と二人でこの問題を解決していけばよいだろう。そのような思いを抱き続けた心理職も多かったのではないでしょうか。心理職を主語にするならば「わかってもらえない」という体験です。専門資格という社会からの公証がなかったことや，生業として成立し難かったことなどの状況も，心理職の逼迫した心情を後押ししたように想像します。

また，相談という行為は人間誰しも経験があることから，素人のそれとプロのそれとの差が感覚的にわかりにくいということもあります。誰しも子どもとして，親として，友人として，同僚として，さまざまな場面で相談し，相談された経験をもっています。注射や手術などのように，素人にできない技術とは捉えられません。だから，心理職は何者なのか，時間をかけて，言葉を尽くして説明しないと伝わりません。

さらに，人間心理に興味をもち，それを生業にまでしようとする人は，他の専門職に比べてもともと内向的で，口下手な傾向にあります。こうした背景が

相まって，心理職は，多職種とは異なる固有の難しさを抱えている・抱えてきたように思われます。この問題は，業界としてかなりこじれた問題になっていると感じます。

　1988年に「臨床心理士」という民間資格ができました。臨床心理士の社会的認知度を高めたのは，阪神・淡路大震災や当時の文部省によるスクールカウンセラー活用事業（1995年）でした。そこで求められたのは「コミュニティを支える」ことでした。その過程で，臨床心理士は，多職種や一般市民，政治家と対話を重ねる必要がありました。このことは，「コンサルテーション」や「コラボレーション」といった連携，協働に関わる専門技術を発展させると同時に，業界にたくさんの雇用を生み出しました。例えるならば，蛸壺に入って相談者が来るのを待ち，来談した個人に対して手厚くサービスしていた状態から，大海に出て，他の魚や外来種に交じってのサービスが求められるようになった，といえるでしょう。まるで社会のニーズにより蛸壺から引っ張り出され，そのことで生物としての進化が進んだかのように。

　2019年には国家資格「公認心理師」保有者が誕生しました。この段階において，心理職は，自らをどのように説明し，社会の中に位置づけ，その役割を果たすことができるでしょうか。心理職の専門行為は社会一般にみて医師や看護師のように明確ではないなか，どのように自己を表現し，社会のニーズに応えることができるでしょうか。

　「相談者とカウンセラー」という二者関係を基盤とするアプローチは，公認心理師になってもまったく変わりません。しかし，「国民のこころの健康の保持増進」に寄与する専門職であるためには，私たちが何者であるかを，相手にわかるやり方できちんと伝えていく必要があります。理解されるのを待つだけでは不十分です。

　誤解を恐れずに言えば，これは「心理職の社会性」に関する問題といえそうです。もちろん「心理職の社会性」については，学会や研修会，専門誌などで，これまで何度も取り組まれてきましたし，一生懸命に実践しようとしている心理職もたくさんいます。しかし，業界全体に浸透しているかといえば，どうも心もとない。一部の有志により細々と続けられてきた，というほうが誠実な現状であると思います。

しかし，これからは違います。公認心理師という公証をもった人物ならば，誰もが等しく，このことを体現できるようにならなければなりません。

多職種連携，協働とは，そのような壮大なテーマです。かといって，やることはごくシンプルで常識的なことばかりです。本書に書かれた内容のうち，第1部は，「はっきり言って当たり前」のことばかりでしょう。この局面にきてわざわざそのようなことを書くのは，それができなかった歴史が長いからであり，今もなお問題として大きいからです。そして，意外にも，これは心理職にとってハードルの高い問題だからです。

私は，社会性を高める努力をせずに，専門職として理解され，尊重されることを期待するのは，正直虫のいい話であると思います。カウンセラーとしての真骨頂を発揮するためには，一定の意図と方向性をもって，社会性を高める努力を自らすべきだと考えます。

それは多職種と単に「仲良し」をしたいからではありません。カウンセラーとしての本来の仕事を精度高く，誇りをもって遂行するために必要だからです。また，国家資格保有者として，社会・国民からの要請に応えるうえで，避けては通れない仕事だからです。

2. 教育と産業・労働分野における協働の状況

〔1〕教育分野

大学においては，学生支援は一部の専門家にのみ任せておけばよいという状況が長く続いてきました。学生相談カウンセラーが狭義の専門性にとらわれた「心理治療」的な活動に終始していたこと（齋藤，2010）が要因の一つだと考えられます。つまり，面接室内で丁寧にカウンセリングや心理療法を実施するという，従来のクリニックモデルに基づく学生相談活動が大勢を占めており（下山，2007），学生相談室は「ごく一部のこころを病んだ学生のみが利用するところ」という見方（齋藤，2010）が一般的でした。

その結果，学生たちは「学生相談室は病気の学生が行くところ」という認識をもち，相談に行かなくなってしまいました。「自分はあんなところに行く必要はない」「あそこに行くほどおかしくない」「相談に行っていることを知られ

たくない」など。そうして，学内に相談室があるにもかかわらず，誰にも相談することなく，休学や退学をしていく学生が多数みられました。あるいは心理的な問題や精神疾患の発見が遅れ，苦しむ学生たちがいました。

　また教職員の多くは，「不適応の学生（自分たちの手に負えない学生，やっかいな学生）はカウンセラーに任せておけばよい」「学生相談室に紹介したから，もう関わる必要はない」と考えていました。その結果，カウンセラーは学生相談室での面接に終始することになり，結局，学生の大学への適応にはつながらないことが多々ありました。そして，それらの学生たちは相談の場に出向いたにもかかわらず，休学や退学をしていくことになりました。

　相談せずに休退学，相談しても休退学，これでは相談室を設え，カウンセラーを雇う意味が半減するのではないでしょうか。

　「大学における学生相談体制の充実方策について―『総合的な学生支援』と『専門的な学生支援』の『連携・協働』―」（日本学生支援機構，2007）において，「**すべての教職員**と，**学生相談の専門家であるカウンセラー**との**連携・協働によって学生支援は達成される**」ことが明記され，このような状況は少しずつ変化してきました。しかし，いまだなお大幅に改善したとはいい難い現状があります。

　小中高校では，心理専門職としての「スクールカウンセラー」が随分認知されています。スクールカウンセラー活用調査研究委託事業の開始当初，教員という専門職集団の中に異なる専門職として入っていくには，並々ならぬ努力が必要だったことは想像に難くありません。その一人ひとりの積み重ねによって，信頼関係が築かれ，スクールカウンセラーが認知されてきたものと思われます。しかし，私たちの知り合いの教師から，受けもっている児童生徒についてのさまざまな相談を受ける際，その学校にスクールカウンセラーが勤務しているか尋ねると「いるかどうかわからない」「いると思うが，会ったことがない」という返事がくることがしばしばあります。もっと深刻なのは，「生徒や保護者を紹介したが，役に立たなかった」「相談室の中で何をしているかわからない」「生徒を行かせたが，私には何も教えてもらえなかった」などのコメントが返ってくることが稀ではないことです。そのような体験をした教師は，もう二度とスクールカウンセラーと関わろうとは思わないでしょう。さらにこのような

体験は，スクールカウンセラーあるいは心理職という職種そのものに対する不信感にもつながりかねません。決してそのカウンセラー一人だけの問題ではないのです。

　一方，学校の重要な一員として頼りにされ，活躍しているスクールカウンセラーもたくさんいます。非常勤であっても，学校全体をしっかり支え影響力を発揮しています。この違いは何なのでしょうか。そのポイントが「協働」の視点だと考えます。

　もちろん，クライエントに真摯に向き合い，熱意をもって，「心理治療」的な関わりで支援をしてきた心理職はたくさんいます。面接室内で丁寧にカウンセリングや心理療法を行うこと，それが心理職の強みでもあり，多職種と異なる専門性ともいえるでしょう。

　しかし，そのことによって，心理職とクライエントは一対一の密室の関係になりがちであり，心理職が多職種と一緒にクライエントの支援をすることを遠ざけてしまった面もあることは否めません。言い方を変えれば，専門性を大事にするあまり，多職種に対し，心理職とはどのような専門性をもつ職種なのかをきちんと伝えずにきてしまったこと，多職種と一緒に支援を行う姿勢をみせてこなかったこと，ともすればクライエントと二人の世界の中で閉じてしまうことにつながったように思います。

　このような状況を踏まえて，まず私たちが伝えたいことは，「面接室の中で，クライエントと誠実に向き合って，心理的な支援をすることは当然重要な仕事である。いうまでもなく私たちの専門性はそこにある。しかし，それで終わりではない。支援のためには組織に働きかけたり，多職種と協働したりといった面接室の外での仕事もたくさんあるのだ」ということです。そして「クライエントに対して質の高い支援をするためには，必要に応じて協働することが重要である」ということ，あるいは「協働することによって，クライエントに対してさらに役に立つことができる」ということなのです。

　公認心理師として国民の精神的健康に資するためにも，より能動的に働きかけ，多職種と一緒に支援を行っていくことが不可欠でしょう。そのためには，多職種と一緒に支援していくことのメリットを示し，また一緒に支援していく方法を具体的に伝えていく必要があります。

　これまでの心理専門職の教育課程においては，クライエントとの関わり方に大きなウエイトが置かれ，多職種との関わり方についてはほとんど意識されてきませんでした。その結果，前述のような状況に陥ったのではないでしょうか。その反省を踏まえ，協働を伝えていく必要性を痛感していることが，本書の誕生につながっています（なお，多職種協働教育が十分に進んでいるとはいえないことや初学者は協働のスキル習得が不十分であることについては，近藤・長屋（2016），下山（2017），上田・下山（2017）他多くの指摘がなされています）。そして，多職種と協働する力を身につけることにより，面接室内での支援に，より専門性を発揮できるようになるでしょう。

〔2〕産業・労働分野

　産業・労働分野の臨床現場で大きく変化があったのは2000年前後です。新入社員が慢性的な過重労働によってうつ病に罹患し自殺した，という1991年の電通事件が大きなきっかけだったように思います。この事件は最終的に，電通が安全配慮義務違反を問われ，2000年の最高裁で遺族に1億6800万円の賠償金を支払う判決となりました。この判例により，過重労働は精神的な負担を引き起こし，メンタル疾患に罹患，そして自殺に至るリスクがあることが認められました。さらに，事業者や管理監督者には，従業員の安全を配慮する義務を問われるようになったのです。それまで，労働衛生管理の一部である健康測定や保健指導など，事業者が講ずるべき労働者の健康を保持増進する取り組みについては，「事業場における労働者の健康保持増進のための指針」（1988年公示）に基づき実施されていました。しかし，電通事件をきっかけに，こころの健康問題を取り上げた職場のメンタルヘルスに関する指針やガイドラインが次々と発表され，労働関連の法律の改正などが相次いだのです。例えば，1999年に「心理負荷による精神障害等に係る業務上外の判断指針」（厚生労働省）が示され，うつ病などの心の健康問題においても過重労働による労災認定がされるようになりました。そして2000年には，「事業場における労働者の心の健康づくりのための指針」で事業者に"4つのケア"の取り組みで職場のメンタルヘルスを推進するよう呼びかけられました。このメンタルヘルス指針は，2006年「労働者の心の健康の保持増進のための指針」（厚生労働省）として改

定され，さらなるメンタルヘルス不調に関する精神的，心理的なケアが，職場内でも必要とされるようになっていったのです。また，職場復帰支援に関しては，「心の健康問題により休業した労働者の職場復帰支援の手引き」（厚生労働省中央労働災害防止協会，2010）が示され，事業場の可能な範囲で，"5つのステップ"で支援をすること，支援関係者による復職判定委員会を事業所が開催し，情報共有することが推奨されました。

　このようにメンタルヘルス活動のニーズが高まるなか，メンタルヘルス事業を専門とする外部EAP（Employee Assistance Program：従業員支援プログラム）機関が新たに立ち上げられ，産業労働場面で関わる臨床心理士が少しずつ増えていきました。しかし，電通事件から10年ほど経っても，産業・労働分野に関わる臨床心理士はわずか数パーセントでした。その頃のベテランの産業領域の臨床心理士らがよく言っていたことがあります。「心理の人はフットワーク悪いから」「相談室にこもってもらっちゃ困るんだよね」「産業で働くのは産業カウンセラーや精神保健福祉士が重宝される」「営業の人のほうがよっぽどコミュニケーションがとれる」などのフレーズです。つまり，これまで心理職が得意としてきた個人の心理療法による支援のあり方では，働く職場，組織などでは力不足であるという現実がありました。例えば，上司からのハラスメントで傷つき相談に来た従業員に対して，個人的に話をじっくり聴くことから始めます。話を聴いたことで本人の気持ちがおちつき，納得してまた頑張れるのであればいいですが，実際は複雑で，人間関係や職務上の問題にも影響しているケースも多いのです。ハラスメントは，働く職場で起きている問題であり，環境へのアプローチも不可欠になるため，上司や人事と連携をとりながら支援する可能性もあったり，心身面の不調には産業医や保健師の力を借りる必要も生じたりします。ハラスメントは2020年にさらに法整備され，ようやく職場のメンタルヘルスにおいて，組織全体で取り組まなくてはならない事項の一つとなりました。つまり，ある個人の相談の事例がきっかけに，職場で生じている問題が顕在化したり，組織運営上において従業員の安全配慮のために考えなくてはならない課題がみえてきたりもするのです。

　労働者は家族，集団，コミュニティの中で生き，その中でストレスが生じます。そのため，個人の内面の支援と同時に，環境への理解や働きかけを身につ

けなくてはなりません。個人の相談から一歩踏み込み，その組織の取り組みや活動にいかにつなげられるかが大切なのです。そういう意味で，産業・労働分野において支援をする場合，統合的な支援を求められます。言いかえれば，働く人を支えるということ，働く職場，組織を支援するということ，その両者を考えながら臨床に関わる必要があるということです。これらのことのほとんどが学校教育現場のスクールカウンセラーと共通しています。なぜなら，教育現場も人間が所属するコミュニティとして支援を考える分野だからです。つまり，スクールカウンセラーと同様に産業・労働分野のカウンセラーも，人と環境の適合を求めるコミュニティアプローチ，集団の力動を扱うシステムズアプローチ，両者の視点と技術を身につけておくことが求められます。

　バブル崩壊から平成終盤にかけて，働き方改革を求められる社会になりました。そして現在，育児や介護をしながら働く労働者への配慮，残業時間軽減，有給休暇の取得，災害や緊急事態に対応したリモート勤務など，多様な働き方を社会が求めるようになってきています。これらの時代背景や社会の変化とともに，心理支援も少しずつ形を変えて順応し，率先して支援していくことが求められています。公認心理師法が施行された 2015 年，労働者のストレスチェックが事業所に義務化され，公認心理師はその実施者として指定されました。産業・労働分野では，さらなる心理支援が求められ，公認心理師の働く主要 5 領域の一つにも指定されています。今後，心理の仕事の活躍を期待されている分野でもあるのです。

　ひと昔前の産業・労働分野といえば，個人の心理療法を強みとする心理職からは，ケースワークや研修ができればよい，継続的な個人の心理プロセスに関わることはできない現場の印象があり，心理療法の高い技術を発揮するよりも，むしろ経済的に安定したければ関わる，という見方をした心理職たちも多かったかもしれません。しかし，現実は片手間にできる分野ではなく，むしろ専門職としての技術の応用を求められる現場なのです。個人の心理療法ができて当たり前であり，そのうえに，組織運営の視点をもつことができないと太刀打ちできません。実際に産業・労働分野に関わると，組織の人はシビアです。社会性を重んじ，組織人としての常識と専門性も求めてきます。単に，不調者に会うだけ，組織で生じている問題に支援をするだけでなく，自ら組織づくりに関

わる責任感をもちながら関係者と関わっていく姿勢と行動が問われるのです。それができる心理職はどのくらいいるでしょうか。自らの臨床を常に振り返ってみても最善の支援ができている自信はいまだにもてません。そのくらい，組織における支援は難しいのです。

　では，どうしたら組織における支援ができるようになるのでしょうか。そのポイントが，"協働"です。まず，組織における支援を一人ですべてできるということは不可能であること，そこを理解し意識することから始めるしかありません。組織における支援に関係する人たちは，公認心理師だけではなく，産業保健スタッフである産業医や保健師，主治医，人事担当，管理監督者，家族，外部 EAP 機関，外部リワーク専門機関などさまざまです。そのさまざまな立場の人がそれぞれの専門性で支援者に関わると，その力は無限大です。一人でできること，一つの専門的視点を超えて，多面的に支援し合えるのです。そうすると，その組織自体のもつ力が発揮され，よりよいシステムがつくられていきます。それを理想とし，期待して活動していこうという意識や意欲をもっていくことが，まず協働の第一歩です。

　ただ，そう簡単にいくものではありません。関わる人が多ければ，その分難しくなるものです。関わる人の立場それぞれに，思いや考え，期待，事情があるために，集団における指揮命令役や調整役がうまく機能せず，組織内の支援の輪が広がっていかないことが起こります。さてそんなときに，公認心理師として何ができるのか，です。ここはむしろ，公認心理師の専門性の発揮どころではないでしょうか。心理専門職として個人のアセスメントも組織のアセスメントもできる，集団をみつめながら，組織に関わる人々の関係性を見立てることができるのです。なにより，それらの人々の関係性への調整役は，公認心理師が得意とするところではないでしょうか。

　組織に関わるということは多職種とうまく協働していかなくてはなりません。協働をするために，協働とともに生まれてくる何かのために，具体的に何をしていったらよいのでしょうか。そのような視点をもちながら，本書を読み進めてほしいと思います。読み進めていくと，一見大きな仕事のようであっても，実は地道に目の前の自らができることを一つひとつやっていくのが大切だ，ということがわかると思います。個人や組織の支援は，いつも頭を悩ませながら

の仕事であり，一人だけではできない仕事です。言い方を変えると，他の支援
関係者からも知恵をもらいながら取り組めるのが多職種協働であり，やりがい
も成果も無限大なのです。公認心理師として，個人に対する臨床力と組織にお
ける協働力を身につけ，新たな支援を生み出していけるセンスを常に磨いてい
ってほしいと思います。

　なお，本書で取り上げた事例はすべて，プライバシーに配慮して大幅に改変
しています。

第 1 部

多職種協働の技術（基礎編）

第1章

協働のメリット

　本章では，一つの事例について「相談室内での一対一の支援」と「多職種との協働による支援」の二つの支援例を示してみたいと思います。クライエントの支援においては，公認心理師とクライエントとの関係性の中での一対一の支援が基本ですが，実際にはそれだけではうまくいかない場合も多いといえます。そこで，クライエントへの支援を充実させるために多職種と協働し，支援する環境をつくることが重要になります。では，多職種との協働による支援にはどのようなメリットがあるでしょうか。ここでは，クライエントにとってのメリットにとどまらないさまざまなメリットについて紹介します。

　あなたはX大学学生相談室に非常勤カウンセラーとして勤務していると仮定しましょう。あなただったらこの事例にどのように対応するか，考えながら読み進めてみてください。

1．事例の概要

　新年度が始まる直前に，留年してしまった女子学生Aさんが学生相談室に来談しました。うつむきがちで表情も暗く，小さな声でぽつりぽつり話します。緊張した様子で，学生相談室に来るのはとても勇気のいることだったと話してくれました。勇気を出して学生相談室に来たのは，成績不振学生として学生課から面談通知が届き，学生課職員と面談をした際に，カウンセラーに会ってみるよう勧められたことがきっかけとのことでした。

　Aさんが話してくれたことをまとめると，次のような内容でした。

　「大学を休みがちで，単位を落として留年してしまいました。親にとても申し訳なく，今年こそは卒業しなければという気持ちがあります。自分としても，せっかく入った大学なので，退学はしたくないと思っています。しかし，朝起きられなかったり，大学まで行ってもどうしても教室に入れなかったりすることがあります。こんな自分を本当に情けなく思うし，とても困っています。なんとかしなければと思うのですが，どうすればよいかわからず，自分ではどうしようもないと思って，ここに来ました」

　さらに初回面接の中で，次のことが明らかになりました。

　Aさんは中学・高校とも学校は行ったり行かなかったりという状態でした。お昼から行ったり，早退したりすることも多かったとのことです。本人曰く，中学校時代に仲の良かった友達から仲間外れにされていじめられ，それ以来，友達がなかなかできないし，人のことを信頼できないとのこと。おとなしくて自分の考えを表明することが苦手なAさんは，活発で元気なクラスメイトに対して，怖いと感じて，近づけないこともあるようです。人がたくさんいる教室に入ると，緊張して息苦しくなってしまいます。留年して，年下の人たちと一緒に授業を受けることに抵抗もありますが，知らない人がほとんどなので，気が楽なところもあるそうです。

　朝起きられるように早く寝ようとしますが，ベッドに入っても何時間も眠れないことが多いようです。「早く眠らないと朝起きられない」と焦ると，ますます眠れなくなり，あきらめてオンラインゲームをしてしまって，最近は昼夜逆転の生活になっています。一人暮らしで食事も不規則です。

　卒業論文は必修単位なので，頑張って書かねばと思っていますが，思うように進まず，焦っていることが伝わってきます。卒論指導教員のことは信頼しているようですが，「卒論が全然書けていないので，ゼミに行けないし，先生にも会えない」と苦しそうに話します。

　さて，あなたはAさんに対して，どのような支援を考えるでしょうか。

2.　支援例1：学生相談室内での支援

　カウンセラーとAさんとの関係性の中での，一対一の支援を考えてみましょう。

　まずは，緊張しながら頑張って相談に来たAさんの気持ちに寄り添いながら，安心して話せるような「場」をつくることに心を砕くでしょう。Aさんとのラポールを形成することが大事だと考え，Aさんの自分を情けなく思う気持ちや頑張りたいと思っているのに頑張れずに自信をなくしていることなどに共感しながら，話を聴いていきます。

　Aさんには対人関係の問題があるらしいこと，対人緊張が強いことが考えられるため，中学校時代の体験を聴きながら，カウンセリングを進め，対人緊張についてのAさんの気づきを促していきます。親子関係に焦点を当てて聴いていくかもしれません。あるいは，どのような場面で緊張が強まるかについて具体的に細かく聞き取りながら，比較的緊張せずに済む場面や状況から少しずつ慣れていく練習を段階的に行うことも考えられるでしょう。

　卒論執筆が進むことでAさんが元気になるのではないかと考えて，卒論について一緒に考える時間を設けるかもしれません。

　Aさんの訴えのうち，朝起きられないこと，ベッドに入っても何時間も眠れないこと，昼夜逆転していることに対しては，そのときの状況を確認したうえで，少しずつ起床時間を早めて，生活リズムを整えることを目指す方法もあるでしょう。リラクセーションや自律訓練法などを導入することを考えるかもしれません。

　Aさんの困りやつらさに心を寄せて，Aさんをなんとか支援したいと一生懸命なカウンセラーの関わりによって，Aさんはカウンセラーを少しずつ信頼できるようになっていくことが考えられます。授業に出ることは難しいものの，カウンセラーとの面接には欠かさず来ることができるようになり，表情も明るく元気になっていきます。Aさんへの支援をさらに進めていくと，少しずつ授業に出ることができるようになったり，ゼミに出席して卒論を書くことができるようになったりする可能性もあります。

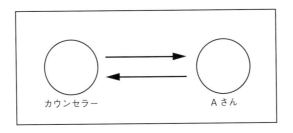

図1-1　支援例1：学生相談室内での支援

　しかし，学生相談室の中では元気になり，力がついてきたようにみえますが，カウンセラー以外の人（友人や卒論指導教員，その他の教職員）には会うことができず，なかなか授業に出ることができないために，本人が望んでいた卒業につながっていかない場合や，卒業までにかなりの時間を要する場合もあるでしょう。

3. 支援例2：多職種との協働による支援

　次に，多職種との協働によるAさんへの支援を考えましょう。その際も，一対一の関わりを丁寧に進めることは支援の基本です。基本に加えて，多職種とも協働して支援を進めていくことにより，より質の高い支援につながっていくことが考えられます。ここでは協働相手ごとに関わりを示し，解説を加えます。

〔1〕職員との協働
　①　Aさん，カウンセラー，教務課職員は，Aさんができるだけ緊張せずに受けることができそうな授業についての相談を行いました。教務課職員は授業を担当する教員や授業の特徴についての情報をもっており，的確な助言を得ることができました。カウンセラーはAさんの特徴を考えながら相談に乗り，Aさんは受講する授業を決めることができました。その結果，授業に出席しやすくなりました。
　②　授業のことや学生生活のことでAさんが困ったときに，カウンセラー

は教務課職員や学生課職員と一緒に相談に乗り，解決方法を検討すること
を重ねました。その結果，職員はAさんの特徴を知り，さまざまな場面
で支援をしてくれるようになりました。各課職員としての経験を活かした
支援もあれば，緊張気味のAさんにさりげなく声をかけてくれたりする
ような支援もありました。また，学内で見かけたAさんの様子をカウン
セラーに伝えてくれることもありました。

③　カウンセラーは相談室以外でのAさんの様子がわかり，それを面接に
活かすことができました。また，職員が必要に応じて支援してくれること
により，カウンセラーの安心感が増しました。

④　Aさん自身が授業関係で困ったことやわからないことがあるときに，
教務課の窓口に相談に行けるようになりました。

⑤　職員がAさんとの関わり方に悩んだり，Aさんに限らず，緊張や不安

ジョイニング（joining）1

（p.107 も参照）

　家族療法では，家族をこまやかに観察し，情報を集めて家族を理解しよう
とします。「家族の仲間に入れてもらう」ためのさまざまな努力を「ジョイニ
ング」といいます。ジョイニングには「治療者の自然で真摯な思いやりと共
感的理解が重要」（野末，1999）といわれています。

　多職種との協働においても，多職種の仲間に入れてもらうために，ジョイ
ニングはとても重要です。第1章の事例でも，教職員との協働の際には，ま
ずジョイニングを意識して彼らとの関係づくりを行っています。第2章の「2.
相手を知る」で述べる具体的な関わりは，ジョイニングにつながっていきま
す。また，第3章の教育分野の事例では，常にジョイニングを意識している
といっても過言ではありませんが，特に「第1期」において重要です。第4
章の産業・労働分野の事例でも，ジョイニングを活用しています。第5章で
述べる協働の発展段階という観点からは，特にPhase0（個人面接段階）から
Phase1（連携段階），Phase1（連携段階）からPhase2（協働段階）へと発展
させるときに必要不可欠です。

の強い学生への対応に苦慮したりした際に、カウンセラーは関わり方について一緒に考えたり、支援をしたりすることもありました。

⑥ A さんが卒業後のことを考えることができるようになり、将来への不安が出てきた際には、A さん、カウンセラー、就職課職員で相談の機会をもったり、A さんを就職課に紹介して支援を依頼したりしました。

〔2〕教員との協働

① A さん、カウンセラー、卒論指導教員と話し合いました。A さんは卒論に真面目に取り組んでいるが、なかなか進まずに焦りや不安を感じていること、先生に相談したいと思っていたが、会う勇気が出なかったことなどについて、率直に伝えることができました。また、A さん、カウンセラー、学科教員および授業担当教員と話し合いました。A さんの特徴や困っていることなどについて、情報を共有しました。話し合いは必要に応じて、複数回行いました。また、A さんの了承を得て、カウンセラーと教員間で情報交換をすることもありました。

② ①によって教員の A さんへの理解が進み、A さんの特徴に合った声かけや対応、卒論指導をしてくれるようになりました。例えば、机間巡視の際に不安気な A さんに気づいて丁寧に説明をしてくれたり、他の学生が気にならないように座席を入り口近くの後方に決めてくれたり、個別指導をしてくれたりしました。

③ 教員だけで対応の判断がつかないときや A さんのことで気になることがあったときは、カウンセラーに積極的に相談してくれるようになりました。その際は、具体的な声のかけ方や指導の仕方について一緒に検討して教員の不安払拭に努め、教員が安心して A さんに関わることができるように支援しました。また、A さんの元気な様子をカウンセラーに報告してくれることもありました。

④ 登校することや授業に出席すること、卒論執筆に対する A さんの緊張や不安が低減しました。その結果、登校したり授業に出席したりすることが以前より容易になりました。

⑤ カウンセラーは相談室以外での A さんの様子がわかり、それを面接に

活かすことができました。また，教員が支援してくれることによって，安心して授業への参加を励ますことができました。

⑥　Aさんから，授業内容が理解できないことや卒論のまとめ方について相談を受けた際は，教員への相談を勧め，また教員にも援助を依頼しました。カウンセラーは心理的な支援に専念することができるようになりました。

〔3〕学校医や保健師との協働

①　睡眠の問題について，Aさん，カウンセラー，学校医で相談の機会をもちました。話し合いの中で，食生活の乱れがみられることや体調が悪い日が増えていることなども明らかになりました。その結果，Aさんと学校医との面談を定期的に行い，睡眠や体調面については学校医と相談をすることになりました。学校医とカウンセラーは必要に応じて，相談の機会をもちました。

②　Aさん，カウンセラー，保健師で話し合い，身体面についてはできるだけ保健室で相談し，心理面はカウンセラーと話すことにしました。身体面と心理面を明確に区別できないこともたくさんあるため，Aさんの了承を得て，保健師とカウンセラーは情報を共有しました。そのことは，それぞれがAさんを支援する際に役に立ちました。

③　カウンセラーとの話の中で，Aさんの体調不良が続いていることが明らかになった際は，そのことを学

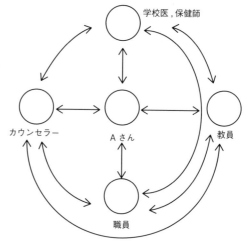

図1-2　支援例2：多職種との協働による支援

「一つのシステム」としてみること

　例えば，スクールカウンセラーとして働くとき，学校全体やクラス・学年などを一つのシステムとしてみる視点をもって，学校に入ります。急に「システム」という言葉が出てきて戸惑っている方もいるかもしれませんね。「システム」と聞くと難しそうですが，東（2018）は「人間関係のレベルにおいては『パターン化されたコミュニケーションの相互作用のあり方』のことである」と説明しています。

　学校全体やクラス・学年を一つのシステムとしてみてみると，先生方の関係性や先生方にどのような相互作用が生じているかなどがみえてきます。そのことは，先生方と協働して生徒を支援する際に，とても効果的です。第2章の「2〔2〕組織を知る」で述べる部分はこれにあたります。

　また，支援に関わるメンバーを「一つのシステム」として意識してみると，それぞれの関係性や相互作用などがわかってきて，協働に活用することができます。第3章の教育分野の事例では，常にこの視点をもって学生への支援を行っています。また，「一つのシステム」としてみることにより，協働関係を可視化することも可能になります（コラム8，9）。第4章も，この視点をもって読んでいただくとより理解が深まると思います。さらにこの視点は，第5章で述べている協働の発展段階を評定するときのベースになります。

校医や保健師に話すよう勧め，カウンセラーからも学校医・保健師に対応を依頼しました。

④　カウンセラーは，Aさんの身体面は学校医や保健師にみてもらっているという安心感をもつことができ，心理面の対応に専念することができるようになりました。

⑤　そのうちにAさんは，体がきついときには，短時間休ませてもらうために保健室に行くことができるようになりました。「きついときは休むことができる」と思えるようになったことで，より登校しやすくなりました。

4. 支援例2における多職種協働のメリット

多職種協働にはどのようなメリットがあるでしょうか。Aさんにとっては
もちろんのこと，カウンセラーや教職員にとっても多くのメリットが考えられ
ます。ここでは支援例2に沿って，具体的に紹介していきます。

〔1〕Aさんにとってのメリット

① 登校したり授業に出たりすることに対する不安や緊張が減り，授業に出
たり，卒論に取り組んだりすることができるようになりました。その結果，
当初は諦めかけていた卒業という目的を果たすことができました。

② Aさんの特徴や状況を理解してくれる人が増え，支援してくれる人が
増えました。その結果，さまざまな人にさまざまな形で支援してもらうこ
とができるようになりました。

③ たくさんの大人（教職員）と出会い，少しずつ「相談できる人」「頼れ
る人」が増えていきました。その結果，Aさん自身の人との関わり方が
変化していきました。特に，困ったときにそれを人に伝えることができる
ようになったこと，伝えたら助けてくれる人がいることを実感できたこと
は，今後のAさんの人生にとっても重要だと考えられます。

④ 卒業できたことは，Aさんの自信につながりました。「学士号」を得た
ことはもちろんですが，困難を乗り越え，努力して目的を成し遂げられた
ことは大きな体験となりました。

〔2〕カウンセラーにとってのメリット

① Aさんを理解し，支援してくれる人が増えることによって，カウンセ
ラー自身も支えられ，安心感をもつことができました。非常勤のカウンセ
ラーが勤務日でないときにも支援してくれる教職員がいることは安心につ
ながりました。また，難しい局面でも一人で抱えなくてよいと思えること
は，大きな力になりました。

② 教職員の視点からのAさんの見方や関わり方を聞いたり，一緒に関わ

ったりするなかで，カウンセラー自身の視野が広がり，Ａさんへの理解が深まりました。また，教職員のもつ大きな力に気づいたり，それぞれの特徴を知ったりしたことで，教職員への信頼感が増大しました。さらに，カウンセラーが自分自身の特徴に気づくことができました。

③　授業のことは教務課職員や教員が支援してくれ，卒論のことは卒論指導教員が，身体のことは学校医や保健師が支援してくれたことによって，カウンセラーは心理的支援に力を注ぐことができるようになりました。

④　教職員と一緒にＡさんを支援することによって，教職員がカウンセラーの仕事やカウンセラー自身の人となりや特徴などをより理解してくれました。そのことにより，普段の仕事がしやすくなったり，次の協働につながったりしました。

〔3〕教職員にとってのメリット

①　自分たちの役割を果たすことでＡさんが学校に出てこられるようになり，卒業できたことは達成感や自信につながりました。

②　カウンセラーと一緒にＡさんを支援することによって，カウンセラーの学生への関わり方や声のかけ方を少しずつ理解しました。教職員は「こんな声のかけ方があるのだ」「こんなふうに言ってみると学生は安心できそうだ」などと感じとり，それらの気づきは，Ａさんへの関わりや他の学生への関わりにも活かされました。つまり，実際の関わりを目の当たりにすることで，モデリングの効果がありました。さらに，教職員は自らの強みや特徴にも気づくことができました。

③　「難しい学生はカウンセラーに任せればよい」といった姿勢から「学生を支援するうえで自分たちにもできることがあるのではないか」という姿勢に変わっていきました。そのことにより，学生との関わりにも変化が生じました。

④　他の学生に対応する際にも，これまでより自信をもって対応できるようになったり，普段の仕事をしやすくなったりしました。

〔4〕その他のメリット

①　Aさんが退学せずに済んだことは大学にとってもプラスになりました。学生が退学することによって学費収入が減ることは，大学にとっては経済的損失です。当然，カウンセラーも大学から給与を得ています。経済的な観点をもっておくことは重要です。さらに，このような貢献については，機会を捉えて経営者に示すことも必要でしょう。

②　Aさんの支援において協働を経験したことで，お互いの仕事や人となりなどについて，わかり合うことができました。その結果，普段の仕事がしやすくなったり，他の学生に対しても協働しやすくなったりしました。

③　カウンセラーも教職員も自身の専門性を発揮すればよいこと，またお互いに支え合えることがわかり，気持ちが楽になって働きやすくなりました。

④　多職種が協働して学生を支援することは，多職種同士の支援にもつながることがわかりました。

5. 多職種協働による支援会議

　ここまで，教職員それぞれとの協働について述べてきました。しかし，個々の協働のみでは不十分であり，Aさんに関わる教職員が集まって支援について検討することが重要だといえます。会議のもち方は職場によってさまざまだと思いますが，ここでは筆者の体験した一例を紹介します。カウンセラーの動き方についてイメージしてみましょう。

①　カウンセラーは支援チーム全体を見通し，マネジメントしていく，支援チームの要になることが求められます。例えるなら，野球やサッカーチームの監督でしょうか。強権的にぐいぐい引っ張っていくリーダーもいれば，黒子として表には出ない形で関わっていくタイプもいるでしょう。それぞれ自分に合ったやり方で，「要」になることを意識したいものです。

②　支援チームに必要なメンバーを熟考して，チームメンバーを決定することになります。ここでは，Aさんの相談の中に出てきた卒論指導教員や学校医などが挙げられるでしょう。その他，X大学というシステムでA

さんの支援をスムーズに進めるために重要なメンバーを考えます。学生課職員の誰に加わってもらうか，学科教員だったら誰に依頼するかなどです。大学によっては，例えば学科ごとに担当が決まっている場合もあれば，複数の担当者がいる場合もあります。チームメンバーを決めるためには，各メンバー（教職員）の特徴を知る必要があります（守備力，攻撃力，足の速さなど）。個々の特徴に加えて，チームの一員としてどのような動きをするか，このチームでどのような役割を果たせそうかを考えることも重要です。このとき，普段カウンセラーがどのように多職種と関わっているか，どれくらい教職員のことを知っているかなどが活きてくるでしょう。

③　メンバーが決まったら，支援チームの一員として会議に参加してもらうよう声をかけることになります。その際，本人の了承を得るだけでよいのか，上司の許可が必要かなど，ルールに沿って手続きを進める必要があります。

④　支援会議では，Aさんの情報を共有することから始めます。Aさんの特徴を伝え，困っていることや課題になっていること，Aさん自身のニーズなどを共有します。そのうえで，教職員ができそうなこと，すぐには

多方向への肩入れ（multidirected partiality）1　（p.108 も参照）

「5．多職種協働による支援会議」で役立つのが「多方向への肩入れ」です。もともとは家族療法において，家族メンバー全員に公平に関わること，家族メンバーの一人ひとりに共感し，正当に敬意を示していくことをいいます（平木，1998）。

多職種協働においては，支援に関わるメンバー全員に公平に関わり，一人ひとりに共感し，敬意を示していくことを心がけながら，クライエントへの支援を一緒に考えていきます。

例えば，第3章の「Cさんへの支援」においても，支援に関わるメンバー全員に公平に関わること，一人ひとりに共感し，敬意を示していくことを意識しながら関わっています。

できないが検討の余地があることなどを話し合っていくことになります。教職員が専門性を発揮できるように，全体をみて動き，マネジメントすることを心がけましょう。なお，Aさんの情報を共有することについては，Aさん自身の了承を事前に得ておく必要があります。

⑤　支援会議を重ね，支援を行うなかでチームが成熟してくると，監督なしでも動けるようになっていくでしょう。

事例を通じて，多職種協働のメリットを理解していただけたでしょうか。ここで，藤川（2007）を参考に，本書での「協働」の定義を示します。

協働とは，「異なる専門分野の者（多職種）が，次のプロセスをたどりながら，関係性と支援を発展させていく協力行為である。つまり，①対話を重ねるなかで，②個人（クライエント）や組織（部署・集団等）の課題を見出し，③援助活動の目的を共有し，④それを実現するために新たな援助サービスをともに計画・実行すること。なお，多職種の関係性は良好かつ対等であり，援助サービスにはお互いに同等の責任を負う」。

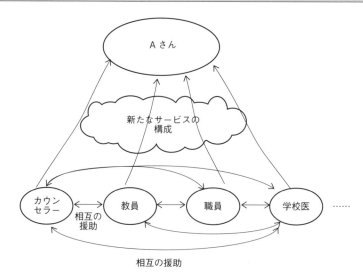

図1-3　多職種協働のイメージ（藤川，2007を一部改変）

　次章では，多職種との協働関係を構築し，発展させるための具体的な工夫や
コツについて紹介します。

第2章

協働のコツ

　多職種との協働関係を構築し，発展させるために，公認心理師はどのようなことを意識しながら，どのような態度で，多職種と関わっていけばよいでしょうか。多職種協働を成功に導くコツは，大きく3つから成ると考えられます。①相手を知ること，②私を伝えること，③相手と私で共有すること，です。

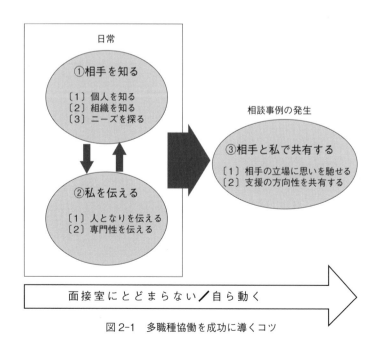

図2-1　多職種協働を成功に導くコツ

またそのためには「面接室にとどまらない」「自ら動く」姿勢が重要です。本章では，協働関係を構築し発展させるための工夫やコツについて述べていきます。その際，スクールカウンセラーとして学校に入ったときのことを例に挙げて，具体的にみていきましょう。

1. 基本的な姿勢

　協働関係の構築・発展に役立つコツとして，まず挙げられるのは，「相手を知ること」や「私を伝えること」を日頃から意識して行うことといえます。「相手を知ること」には，協働相手である「個人」を知ることだけでなく，協働相手が所属する（クライエントが所属する）「組織を知ること」や協働しようとする「相手のニーズを探ること」も含まれます。また「私を伝えること」には，私の「人となりを伝えること」と「専門性を伝えること」の両方が含まれ，そのどちらも重要です。そのうえで，相談事例が発生した際には，「相手と私で共有すること」が必要になります。支援に必要な情報を共有し，多職種と公認心理師の支援の仕方や考え方を共有し，ゴールを共有することが求められます。それらを「相手と私で共有する」ためには，まず「相手の立場に思いを馳せること」や「支援の方向性を共有すること」が必要不可欠でしょう。
　そして，これらのコツを発揮する土壌として，「面接室にとどまらない」ことや「自ら動く」ことがとても重要です。まずはこれらの姿勢の話から始めましょう。その後，協働関係を構築し，発展させるコツについて述べます。

〔1〕面接室にとどまらない
　私たち公認心理師は，カウンセリングルームという場所で仕事をしています。そこは私たちの土俵ともいえるメインの場所ですが，組織全体としては一部のスペースで限定的なものといえます。そこで，「組織全体のことも想像しながら，組織の中にあるカウンセリングルームで働く」という視点が大事になってきます。
　私たちはつい，カウンセリングルームでの振る舞いがクライエントのすべてであると思いこみ，その振る舞いからクライエントを理解できたように思いが

ちです。しかし，そこに現れたクライエントの姿は，クライエントの全体像の
ごく一部に過ぎないことを考えておく必要があります。

　ここで，スクールカウンセラーとして，高等学校に入ったときのことを考え
てみましょう。例えば，不眠を訴えてきた生徒がいたとします。不眠の背景に
は，本人の認知や思考のパターンが関与するかもしれません。学級担任や学校
からの受験にまつわるプレッシャーがあるのかもしれません。生活リズムの乱
れも考えられるでしょう。しかし，ちょっと考えてみてください。その生徒が
その学校ではなく，別の学校にいたら？　別のクラスだったら？　不眠という
問題が生じなかった可能性はないでしょうか。不眠という問題と環境は関係し
ないのでしょうか。クライエント自身の認知や性格の問題を検討することは確
かに重要ですが，そこにすべてを帰結させることはできません。

　それでは，クライエントをより正確に理解し，効果的に支援するにはどうす
ればよいでしょうか。少なくとも，終日カウンセリングルームにいるだけでは
何も見えてきません。時に職員室やクラスに足を運んだり，休み時間に校内を
歩いたりすることがなければ，本人を取り巻く環境や状況を知ることはできな
いでしょう。まずは職員室に足を運んで，先生方の様子や関係性を観察したり，
先生方と話したりしてみましょう。何を話せばよいかわからない場合は，笑顔
で大きな声で挨拶をすることから始めてもよいと思います。難しく考えず「顔
見知り」になることを目指しましょう。そうすることで，学校の雰囲気や先生
方の様子が少しずつつかめてくるでしょう。「顔見知り」になると，生徒につ
いての情報共有もしやすくなります。忙しい先生方にどのタイミングで声をか
けるとよいかわかってくることもあります。タイミングよく話しかけることが
できると，先生方と込み入った相談もしやすくなるでしょう。また，休み時間
に校内を歩いてみることで，学校の雰囲気や生徒たちの様子，その特徴を知る
ことができるでしょう。つまり，学校全体をアセスメントすることにつながっ
ていきます。いずれもカウンセリングルームでクライエント一人と会っている
だけでは見えてこないことばかりです。学校やクラスの雰囲気，学級担任をは
じめ先生方のことなど，環境を把握したうえでクライエントの話を聴くことに
よって，その話をより生き生きとイメージすることができ，クライエントへの
深い理解につながっていくでしょう。

〔2〕自ら動く

「自ら動く」とはどういうことでしょうか。

　先に述べた，職員室やクラスに足を運んだり，休み時間に校内を歩いたりすることも，「自ら動く」ことに含まれます。その際，ただ歩くのではなく，観察力を存分に発揮して，公認心理師ができることはないかを探ったり，直接それを先生方に尋ねたりすること，いわゆる「御用聞き」も必要です。ひとことで言えば，先生方と積極的に関わり，「何かできることはないか」を考えながら動くことが，ポイントといえます。先生と積極的に関わるための具体的な工夫については，「2．相手を知る」「3．私を伝える」に記述していますので，参考にしてください。

　ここで，生徒たちのことを想像してみましょう。生徒たちは，困っていることや悩んでいることがあったとしても，スクールカウンセラーが勤務していることを知らない場合があります。仮に知っていたとしても，「スクールカウンセラーってどんな人だろう？」「こんな相談をしてもいいのかな？」「相談したことを他の人に知られたどうしよう」などと考えて，相談することに二の足を踏む生徒もいるでしょう。あるいは，スクールカウンセラーに相談してみようと決意したとしても，相談予約の方法がわからなかったり，相談室に行く勇気が出なかったりして，相談をあきらめてしまう生徒もいるでしょう。スクールカウンセラーは，そのようなことを想像しながら，生徒たちが相談したいと思ったときに来談しやすい相談室になるように，自ら動く必要があります。具体的な例として，「スクールカウンセラー便り」をつくって全校生徒に配付し，スクールカウンセラーがどんな人かをできる限り伝えたり，どんなことでも相談してよいことや秘密を守ることを伝えたりすることなどが挙げられます。あるいは，クラスや学年，全校生徒に対して，ストレスマネジメントやソーシャルスキルトレーニング（Social Skills Training：SST）などを紹介する機会を設け，カウンセラーのことを知ってもらったり，心理学の知見を活用してもらったりすることによって，生徒たちが相談しやすくなる場合もあります。あるいは，休み時間に相談室を気軽に訪れることができるように，ボードゲームや本などを置いて一般の生徒にも開放し，相談室の敷居を低くするなど，相談しやすい環境を整えることも一つの方法です。

　保護者もまた，スクールカウンセラーの存在を知らない場合や，相談したいと思っても躊躇している場合があります。そのようなとき，生徒への関わりで挙げた「スクールカウンセラー便り」の発行や，保護者向けに話をする機会を設けることなど，「来談を待つ」のではなく，「自ら動く」ことが重要です。

　「自ら動く」うえで十分に留意してほしいのは，「自分勝手に動かない」ということです。例えば，「スクールカウンセラー便りを発行してみよう」とか「ストレスマネジメントを生徒たちに紹介してみるとよいのではないか」などと考えたとき，校長や教頭，養護教諭など，しかるべき相手に相談し，可能であれば，具体的な内容や進め方について一緒に検討するのがよいでしょう。学校や相談内容によって，主幹教諭や特別支援教育コーディネーター，研究主任など，相談すべき相手が異なるため，早い時期に相談相手を見極めることも重要です。この学校で，どのような働きかけや支援が求められているのか，またどのような手続きを踏み，どのような実施計画を立てれば，先生や生徒にとって最も効果的な働きかけができるかなどについて，的確な助言を得られるでしょう。つまり，スクールカウンセラーが新たなことを計画し実施しようとする場合，学校組織の一員として，その内容が組織に受け入れられるか，またその組織の中でどのような手続きを踏むことが必要かなどを意識しながら，動くことが大事です。

2. 相手を知る

〔1〕個人を知る

　まずはイメージしやすいように，あなたがクライエントと最初に出会うときのことを考えてみましょう。あなたは五感をフルに働かせて，クライエントの服装や立ち居振る舞い，表情，口調などさまざまな情報をキャッチし，クライエントがどのような人物かを判断（推測）し，どのような声かけや関わり方をするかなど，頭を忙しく働かせ，さまざまな可能性を考えるのではないでしょうか。

　多職種協働もこれと同じだといえます。私たちは協働しようとする相手の特徴を何らかの「手がかり」をもとに推測し，それに応じたコミュニケーション

をとることになります。その推測がどの程度妥当か，適切かにより，協働のやりやすさは大きく異なります。

　スクールカウンセラーとして，クライエントの学級担任と一緒に支援を行うことになった場合，まずは相手の特徴を知ることが重要です。クライエントと出会うときと同様に，学級担任のことを注意深く観察します。服装，生徒の話をするときの表情や口調，言葉の使い方，話す内容など多くの情報から相手のことをできるだけ短時間で理解しようと努めましょう。学級担任がどのような性格か，その人の強みと弱みは何かなどを把握することは「個人」を知ることです。また，その人が「どのような点を不安に感じやすいか」に着目することは大変重要です。これは，相手とどれくらい支援を分担できるか，協働できるかという臨床判断につながります。

　人となりに加えて，相手の専門性や仕事内容について知ることも欠かせません。協働相手が教師である場合は，その専門性や仕事内容を理解しやすいと思いますが，勤務する分野によっては，多職種の専門性が何か，具体的にはわからないこともあるでしょう。多職種協働では他の職種の仕事内容や専門性に関心をもち，理解しようと努めましょう。

〔2〕組織を知る

　スクールカウンセラーとしては，学校やその地域の特徴を知ることも大切です。そのために，例えば学校のホームページや学校便りを確認したり，学校のある地域を歩いたりすることを勧めます。

　また，「組織全体」に目を向けることが必要です。組織図をみて，その学校がどのような組織になっているのか，学校の中でスクールカウンセラーがどのような役割を担っており，それぞれの先生方はどのような役割があるのか，確認しておきましょう。また，どのような指揮命令系統があり，物事がどのように決まっていくのかなどについても，把握しておくとよいでしょう。つまり，生徒の支援に関わるときは，生徒個人の特徴を知るのと同時に，組織の特徴も捉えておく必要があります。また，組織図上の役割だけでなく，先生方の実際の関係性を捉えようとすることも欠かせません。先生方と協働して生徒を支援していくためには，支援する側の関係を捉えておくことが必要です。このように

学校全体をみていくと，組織の中で動きやすくなるでしょう。

　さらに，その組織で行われてきた支援スタイルやルール，支援関係者の考え方などを尊重することも重要です。そして，これまでのなじみのある支援スタイルやルールに沿って，支援計画を立てることが望ましいでしょう。つまり，学校や先生がこれまで経験し，成功してきた支援方法を応用していくということです。なぜなら，組織が新しいものを取り入れて変化をするときは，さまざまな抵抗が生じやすいからです。これまでの方法を尊重することは，支援関係者をエンパワメントすることにもつながっていきます。

　このようにスクールカウンセラーは，生徒の支援をする際に，生徒のことだけに着目するのではなく，組織の特徴を捉える視点を忘れずにいることが第一歩です。「組織を知る」とおのずと組織の力がわかってきます。そうすれば一人で奮闘することなく，協働相手に頼れるようになります。組織の力を信じられるようになるのです。

〔3〕ニーズを探る

　協働の第一歩は，協働相手が何に困り，公認心理師に何を求めているのか，何を期待しているのかなど，相手のニーズを知ることです。

　ここでもクライエントとの関わりに置き換えて考えてみましょう。あなたがクライエントの支援をしようとするとき，まずはクライエントとの信頼関係を構築することに努めるはずです。クライエントの話に真摯に耳を傾け，いったい何に困り苦しんでいるのか，こちらに何を求めているのかについて探ろうとするでしょう。ちょっとした表情や言葉一つも聞き逃すまい，見逃すまいと思い，こまやかに相手を観察するのではないでしょうか。

　多職種協働もこれと同じだといえます。クライエントと協働相手という違いはありますが，相手（協働しようとする個人や組織）のニーズを聴き取ろうとする姿勢や相手を尊重する関わり方には共通点がたくさんあります。

　相手のニーズがつかめたら，公認心理師としてそのニーズに沿って動くべきかどうか，考えてみましょう。相手のニーズに沿うことが，クライエントの支援にプラスにならない場合も，「協働」につながらない場合もあるためです。

　例えば，学級担任のニーズが「精神疾患をもつ生徒への関わり方に不安があ

るから，その生徒の対応はカウンセラーに任せたい」だったとします。この場合，カウンセラーがそれをすべて引き受けるのではなく，学級担任が困っていることや何を不安に感じているかなどに耳を傾けながら，一緒に生徒への対応を考えていくことが重要です。場合によっては，最初はそのニーズに沿うことを選んだとしても，最終的には学級担任がその生徒に関わることができるようになることが望ましいと考えます。そのためには，スクールカウンセラーはどのように動いたらよいか，よく考えたいものです。

　協働相手のニーズに沿うことを選んだ場合，そのために自分の専門性を活かし，何ができるか考えつつ，相手と相談しながらクライエントへの支援を進めることになるでしょう。もちろん，ニーズに沿えないことも出てきますが，その際は「ニーズにぴったり沿うことは難しいが，このようなことであれば役に立てるかもしれない」と代替案を具体的に示すことで，新しい協働が始まることもあります。その際，なぜニーズに沿うことが難しいと考えたのか，可能な限り，誠実に明確に説明できるとよいでしょう。その説明を重ねることによって，公認心理師の仕事が理解される場合もあります。理解してもらえると，的確なニーズが示されるようになり，公認心理師もそれに応えやすくなるというよい循環が生まれます。

　ここで留意したいことは，すべてのニーズが明確に言葉で示されるわけではないということです。協働相手が，そもそも何を公認心理師に求めているのか明確に意識できていない場合もあれば，言えない場合もあるでしょう。したがって，こちらが「相手のニーズを知ろう」という姿勢で関わることが大事になってきます。相手が考えていることに真摯に耳を傾けながら話し合うなかで，ニーズが浮かび上がってくることも多いといえます。あるいは，普段の何気ない会話から相手のニーズが見えてくることもあります。また，公認心理師の人となりがわかるとニーズを伝えてもらいやすくなります。逆に，公認心理師がどんな人かわからないままだと，率直にニーズを伝えることは難しいでしょう。そのように考えると，公認心理師にニーズを伝えてもらうためには，相手との信頼関係を築くことが大前提といえます。

3. 私を伝える

〔1〕人となりを伝える

　多職種と一緒に仕事をするにあたって、まずは公認心理師の「人となり」について知ってもらう努力が不可欠です。もし他職種の方が、一人では手に負えないと感じ、公認心理師に一緒に支援してもらいたいと考えたとしても、公認心理師がどのような人かわからないと、支援を求める行動はとりにくいためです。そもそも「公認心理師に一緒に支援してもらいたい」という気持ちにならないことも考えられます。

　まずは公認心理師自身の人となりを知ってもらい、「この人となら一緒にやっていけそう」「信頼できる」「何かしてくれそう」などと感じてもらう必要があります。そのことは、支援者同士がともに手をとり合える関係性、ラポールを形成していくことにつながるでしょう。それこそが、協働の第一歩といえます。

　スクールカウンセラーの人となりを伝えるために、どのような工夫ができるか、例を示してみましょう。

　①　休憩時間や食事の時間などに、1日1回は先生方と「雑談」をするという自分ルールをつくってみる

　日常生活においても、雑談によって人と仲よくなったり、その人のことがよくわかってきたりする経験をしているのではないでしょうか。お互いに知り合うためには、雑談は有効です。休憩時間や食事の時間は誰しもホッと一息つくことができる時間といえます。仕事中とは表情や雰囲気が随分違うこともあるでしょう。おいしいものを食べて快いと感じる感覚は、その時一緒にいた人に対する快い感覚とつながって、相手に対するポジティブな感情を生じやすいとされています。

　一緒に仕事をしていくなかで、「先生方は忙しそうなので、つい遠慮してしまって、最低限のことしか話せない（最低限のことさえ話せない）」「声をかけ

るタイミングを見誤って，十分に対応してもらえなかったと感じた」という場合も多いでしょう。しかし，そうしているうちにますます声をかけにくくなり，いつまでたっても関係がつくれないということになりかねません。先生方との雑談も初めは勇気が必要かもしれませんが，少しずつ話しかけるタイミングもつかめてくるはずです。そしてその一つひとつの積み重ねが協働につながっていきます。

　なお，ここでは一例として休憩時間や食事の時間を挙げましたが，先生方はお昼休みも忙しく，一日のうちにゆっくり休憩する時間がとれない現状があります。そのため，一日のうちのどこで声をかけるのがよいのか，状況を的確に判断することは重要です。雑談といっても長話をする必要はありません。短時間でも話しかけることを意識してみましょう。

「単純接触の効果」「近接の法則」を活用しよう

　多職種への報告・連絡・相談については，できれば対面で行うことが望ましいといえます。すぐに話せる距離に相手がいるのであれば，できる限り会って話すことをお勧めします。face to face でやりとりをすることによって，メールでのやりとりよりも話がスムーズに進む場合が多いし，相手のこともわかってくるものです。会いに行くのに少々時間がかかったとしても，話が早い場合があります。もしメールでやりとりをしたとしても，後日顔を合わせる機会があれば，メールの内容を話題にしてみましょう。

　これらは，「単純接触の効果」「近接の法則」を意識すること，と言いかえることもできます。人間は，すれ違ったり顔を見たりする頻度が増えるだけでも親近感をいだきやすくなるものです。物理的に遠いよりも，近い距離にいたほうが親しみを感じやすくなります。次ページで紹介する，「職員室にスクールカウンセラーの机を置いてもらうこと」も同様の効果です。

　これらの効果を意識して日常の関わりを見直すことは，連携や協働が必要になったときに，大きな効果を発揮するでしょう。

②　職員室に自分の居場所をつくる

　可能であれば，職員室にカウンセラーが使ってよい机を置いて（決めて）も
らいましょう。生徒や保護者との面接が入っていない時間があれば，短時間で
も職員室に居ることを試してみます。そうすると，先生方の様子を知ることが
できますし，先生方と知り合いになることができるでしょう。たわいもない話
でよいので，雑談をしてみましょう。そのうちに気になる生徒のことを相談さ
れたり，紹介されたりすることにつながっていくでしょう。そこまで行うこと
が難しい場合は，職員室にマイカップを置くといった工夫でもよいと思います。
時々職員室にお茶を飲みにいくと，少しずつ顔見知りも増えていきます。その
うちに，「今度，お茶を飲みに来たら，生徒のことを話してみよう」という先
生も現れるかもしれません。カウンセリングルームまで足を運んで相談するこ
とは，敷居が高く時間もかかりますが，同じ空間にいたら，随分声もかけやす
くなります。また，同じ空間にいても，例えば面接記録を書いていたり，難し
い顔をして考え込んでいたりすると話しかけにくいでしょうが，お茶を飲んで
いるのであれば，相手も声をかけやすくなります。「私，今，暇です」「ぜひ話
しかけてください」という雰囲気を，たとえ暇でなくても醸し出してみてくだ
さい。もちろん，自分から先生に話しかけることができると，さらによいでし
ょう。

〔2〕専門性を伝える

　ごく個人的な意見ですが，公認心理師として活躍されている方は，謙虚で控
え目な方が多いように思います。陰でそっと力を発揮し，縁の下の力持ちに
徹する方がたくさんいます。「私はこれが得意です」「こんなことができます」
「組織の中でこんな役割を果たせます」と表立って言うことは，あまりありま
せん。謙虚で控え目でいること自体はとても素敵だと思います。

　一方，組織で一緒に働いている人たちには，「『公認心理師（臨床心理士）っ
て何ができるの？』と思われる」と考えていたほうがよいでしょう。学校にス
クールカウンセラーがいるということは，随分認知されるようになってはいる
ものの，例えば，産業・労働分野で公認心理師（臨床心理士）という名称を伝
えても，何が専門であるかを知らない人が多いのが現状です。たとえ「心理カ

ウンセリングをする人」「心理検査ができる人」ということを知っていたとしても,「組織内の心理的な支援において,どのように力を発揮してくれる人か」ということまでは,想像できない人が大多数ではないでしょうか。つまり,公認心理師ができること(＝専門性)は,明確に伝えなくてはわかってもらえません。したがって,「公認心理師はこのような役割を果たすことができる」「自分はこのようなことが得意である」あるいは「このようなことはあまり得意ではない」「このような場合は他の専門家につないだほうがよい」など,公認心理師(あなた)のできることやできないことを明確に伝えることはとても重要です。そうでなければ,相手はどのような仕事を公認心理師(あなた)に任せるのが適切か,わからないでしょう。その結果,公認心理師はもてる力を発揮できないまま終わってしまうことにもなりかねません。それは支援を求めているクライエントにとってもマイナスといえます。「個人」としては謙虚で控え

協働相手の「強み」を伝えよう

　公認心理師が,自身の専門性や強みを伝えることが重要であることを述べてきました。一方で,相手(その職種)の強みを伝えることも役に立つでしょう。

　例えばあなたがスクールカウンセラーとしてある生徒を支援している場合,先生方や事務の方はその生徒の支援にはまったく無関係ということはないはずです。先生にやってもらうとよい部分,事務の方の力を借りると助かる部分など,それぞれがもつ役割や強みが何かあるはずです。

　その役割や強みは,それぞれの専門性が関係することもあれば,その人の人となりが力を発揮することもあるでしょう。それぞれが自分の強みを認識することで,皆の強みを活かして役割分担しながら,クライエントの支援をすることが可能になっていきます。各々ができることを進んでやってくれるようになるかもしれません。さらに,相手の強みを伝えることは,その方自身やその方の専門性を尊重することにもつながり,相手とのよりよい関係を築く一助にもなるでしょう。

目でよいと思いますが,「職業人」や「組織人」として,ぜひ自分の専門性や強みをはっきりと伝えてほしいと思います。ただし,できないことをできると言わないよう気をつけましょう。つい大風呂敷を広げてしまうと,信頼をなくすことにもなりかねません。素直に,正直に,等身大でよいのです。このとき,「アサーション」の考え方ややり方が参考になると思います（アサーションについては,第4章を参考にしてください）。

　勇気を出して,専門性や強みを言葉にしてみましょう。そのことがクライエントへの充実した心理的支援にもつながることでしょう。多職種から,「自分の立場ではできないことを公認心理師が専門的に担ってくれて助かった」と思われること,さらに,公認心理師が多職種に対してその専門性を尊重し,頼ることができたら,安定した協働関係を築けるでしょう。またそのことは,あなた自身を少し楽にしてくれるはずです。

4. 相手と私で共有する

〔1〕相手の立場に思いを馳せる

　本章では,多職種協働を育てるための「コツ」を紹介しています。しかし,公認心理師がどんなに懇切丁寧,誠実,積極的に対応し,相手と関係づくりをしようとしても,それがいつもうまくいくとは限りません。これはカウンセリングでも同じでしょう。カウンセラーとして,なんとかクライエントの力になりたいと願い,一生懸命に関わろうとしても,なかなか心を開いてもらえず,関係づくりができないこともあります。カウンセラーの言動がうまく伝わらないことや誤解されることもあります。

（1）同僚の立場に思いを馳せる

　例えば,あなたはカウンセラーとして勤務する相談室で思春期のケースを担当したとしましょう。初回面接で,あなたはなんとか関係をつくろうと,できるだけ親しみやすい雰囲気で,軽い話題からコミュニケーションを試みるかもしれません。しかし,クライエントはほとんど目を合わせず,話題に乗ってくる様子もありません。猜疑的な印象すら受けたとします。さて,あなたはどの

ようにそのクライエントを見立てるでしょうか。

　おそらく，臨床的な感覚を働かせて，言動の背景にあるクライエントの「何か」を読み取ろうとするのではないでしょうか。来談経緯やクライエントの生育歴，病態水準，親や周囲との対人関係などの情報から，目の前のクライエントをよく理解しようとするでしょう。

　職場は変わり，あなたはスクールカウンセラーとして学校に勤務することになったとします。勤務初日に，あなたは養護教諭から歓迎されている感じがまったくもてませんでした。あなたは養護教諭となんとか関係をつくろうと試み，明るく挨拶をしてみます。しかし養護教諭は笑顔もなく不愛想。どこか面倒そうな，あまり接触したくないような印象を受けたとします。さて，あなたはその養護教諭をどのように見立てるでしょうか。

　これが，多職種協働を進めるうえでの「見立て」の視点です。つまり，私たちがクライエントに対していつも使っている非日常的なセンサーや分析力を，多職種にも惜しみなく使っていただきたいのです。

　これは言うは易し，行うは難しです。なぜなら，公認心理師がクライエントに会うときの意識状態は「カウンセラー」であり，その役割から関係づくりを行っているからです。他方，公認心理師が多職種に会うときの意識は「同僚」が優位となるでしょう。同僚であれば，日常生活であなたが「あなた自身として」過ごすとき，相手に求めることがそのまま適用されます。

　笑顔で挨拶をしたら笑顔で挨拶を返してくれるだろう，自分が気づかいを示したら相手も同じくらい気づかってくれて当然だろうなど，個人の価値観と期待が反映されます。そして，自分の望む反応が得られないとき，残念に感じたり腹立たしさを覚えたりします。先ほどの養護教諭に対しては，「感じの悪い人だなぁ」と嫌な気持ちになったり，「私のこと嫌いなのかしら」などと感じたりするかもしれません。これは「同僚として常識的な感覚」であり，ごく自然なことといえます。もちろん，クライエントに対してもこういう感覚を抱くことがありますが，カウンセリング関係では問題になりにくいのです。それは，私たちが「カウンセラー」としてクライエントを客観視する訓練を受けているからです。また，このことは，臨床オリエンテーションにより，転移・逆転移，エナクトメント，巻き込まれ，負の相補性，といった専門用語で説明されてい

るからです。

　それでは「同僚」を相手にした場合，どうすればよいのでしょうか。同じく，その知識と技術を意識的に使うことが必要といえます。養護教諭がなぜそのような言動をするのかを，冷静に分析してください。先ほどの思春期のケースをもった「カウンセラー」であれば，その言動の背景に，親から冷遇されてきた歴史があるのではないか，虐待の可能性があるのではないか，統合失調症の発症リスクがあるのではないか，などと相手の立場に立って思いをめぐらせるはずです。これと同じく，初対面のあなたに，養護教諭があまり心を開いてくれないのはなぜかを考えてほしいのです。

　たまたま忙しかったのかもしれない。体調が悪かったのかもしれない。カウンセラーの性別が，年齢層が，養護教諭の経験のないパターンだったのかもしれない。あるいは，養護教諭自身が，もともと対人コミュニケーションの苦手なタイプだったのかもしれない。これらの仮説を，相手の立場に立って思いをめぐらせてほしいと思います。

　ここで可能性として考えてもらいたいのは，養護教諭とこれまでのスクールカウンセラーとの関係（歴史）です。あなた自身の性質ではなく，「その養護教諭」と「スクールカウンセラー（という役割の人物）」との間で過去に起こった齟齬や葛藤があなたに投影されている可能性はないでしょうか。つまり，

共通言語をもつということ

　公認心理師は心理の専門家なのだから心理のことを知っていれば事足りるというわけではありません。例えば，保健医療分野で働く場合，一緒に働くのは医師，看護師，薬剤師，作業療法士，理学療法士，精神保健福祉士などでしょう。彼らと話すためには，人体の構造と機能，脳・神経の働き，薬剤，医療倫理の考え方，法規や制度などについて，基礎的な知識が必要になります。このような知識がここでは一つの共通言語になります。もし共通言語をもたなければ，患者さんのことについて多職種と話し合いたいといっても相手にしてもらえないでしょう。

過去の負の関係性が，今ここで，再現されている可能性はないか，という視点です。もしそうだとしたら，その養護教諭とはどのように関係を築いていくべきか，クライエントに対してそうするのと同じく考えてみましょう。

（2）「そうせざるをえない理由」を考える

　以上のことはケースのコンサルテーションをするうえでも重要です。ある学校で精神病が疑われる生徒が不登校傾向に陥っているとしましょう。スクールカウンセラーはここで負荷をかけることは急性の発症リスクがあると見立てています。しかし，学級担任は，毎日のように家庭訪問を行い，時にはクラスの友人を複数連れて，本人の部屋に説得に行くなどの行動をやめません。担任は，スクールカウンセラーの助言には耳を貸さず，事態は悪化するばかりです。さて，この学級担任と協働をするとき，どのようにしたらよいでしょうか。

　スクールカウンセラーとしては，「なぜ私の助言を聞かないのか（せっかく助言しているのに……）」「担任の行動によって，生徒が追い詰められている」とつい腹立たしく感じるかもしれません。しかし，それでは担任との協働は難しくなるばかりです。一呼吸置いて，「協働相手が何に不安を感じているのか」を理解してみましょう。

　例えば，教師経験が浅い若手の先生だったとしたら，周囲から指導力不足と思われる不安があるのかもしれません。経験の長い先生だったとしたら，今までの自分のやり方が否定されたように感じて，不安になっているのかもしれません。あるいは，先生自身に不登校の経験があり，個人的な思いが強くて自他の区別が曖昧になり，あたかも自分自身のつまずきのように感じられているとか，以前に同じようなケースがあり，そのときに「指導に失敗した」という思いがあるのかもしれません。これらはいずれもその人の不安から生じていることです。これらの不安がわかってくると，スクールカウンセラーは担任にどのように声をかけたり，関わったりすればよいかがわかってきます。

　公認心理師として多職種との連携がうまくいかないと感じるとき，こちらの主張を一方的に押し付けたり声を荒げて説得したりしても，何の解決にもなりません。あるいは，相手を避ける，無視する，といった回避的な（受動攻撃的な）行動をとってしまうことも役立ちません。これらは臨床的な解決には結び

つかない，よくある誤りの典型例です。

　一呼吸置いて考えてみましょう。協働相手にこちらの思いが伝わらないのはなぜか。相手はなぜ公認心理師の話に耳を傾けず，自らの考えに固執しようとするのか。何が不安なのか。まさに，クライエントに対してそうするように。

　公認心理師の専門性は，相手の立場に立ち，想像し，十分に推測しながら相手に関わる技術に支えられています。相手の言葉や態度の裏にどのような思いや考え，これまでの経験等があるのか想像してください。そして，私たちがクライエントに対していつも行っている「共感的理解」を「同僚」である協働相手に対しても意識的に行いましょう。

　協働の第一歩は相手の立場に立ち，その心情に思いを馳せることです。そのことを十分に理解したうえで，必要な働きかけをすること。これは多職種協働において大変重要です。

〔2〕支援の方向性を共有する

　また，多職種の役割や立場により，支援に対する視点は異なります。支援を円滑に進めるためには，支援の方向性を十分に共有する必要があります。

　学校には，生徒への支援に関わる人が複数存在します。例えば学校長，教頭，学年主任，学級担任，養護教諭などです。これらの異なる立場の方々が，どのような独自の役割を担っているか想像できるでしょうか。例えば，学級担任は，クラス運営の責任者なのでクラスの生徒の安全と学校生活について管理する役割があります。クラスに休みがちな生徒がいれば，担任が把握し本人へ声をかけたり，保護者と連絡をとったり，必要に応じて養護教諭やスクールカウンセラーに相談をして，本人に相談を勧めたりします。そして副担任や学年主任の先生とも状況を共有するでしょう。これらの支援は，学級担任の役割として担うものであり，担任という立場にある者の責任として行っていることといえます。皆さんは学校教育を受けているので，おそらく，教育現場の担任の役割は想像できるでしょう。しかし，担任がその休みがちの生徒の状態をどのように捉え，どのように支援をしようと考えているのか，具体的にどのように話しかけ，関わろうとしているのかは，担任に確認しないとわかりません。担任の方針や考えを理解しつつ，スクールカウンセラーからみて，その休みがちの生徒

をどのように見立てて支援をしていこうと考えているのか，どんなふうに本人と接するのがよいのかなどをともに考え，示していく必要があります。

　例えば担任は，その休みがちの生徒が勉強面でつまずきつつあることを捉えており，友達への一方的なコミュニケーションでトラブルが起こっていたという情報をもっていたとします。担任として，他のクラスメイトに最近変わったことがなかったかなどを聞きたいと思っていたり，様子をうかがうために保護者にコンタクトをとろうと思っていたりすることもあるでしょう。このような生徒に関連する情報や，支援への考えなどをスクールカウンセラーなど支援する人たちと共有する必要があります。一方，スクールカウンセラーは，担任から連れてこられたその生徒にカウンセリングを行い，発達的なつまずきで本人が苦しんでいることを見立てたとします。そこで，勉強面でどのようにサポートをすると本人が助かるのかを担任に伝え，カウンセリングではアンガーマネジメントについて話題に出して対策を考えていく方針を立てました。また支援過程で，より専門的な発達支援が必要かどうかを学校医とも相談をすることを提案しました。

　つまり，立場も専門性も違う多職種で協働を行う場合，それぞれの視点からの見方や捉え方，支援に対する考えを出し合い，支援の方針を共有していくことが重要なのです。情報共有の際は，プライバシーの配慮を考えなくてはならないので，ともに支援することを丁寧に伝え，本人の同意を求めることが必須です。また，情報を共有する方法に関して，それぞれの支援者が対応している姿を同席して観察することで，共通認識を増やしていく工夫などもできるでしょう。

　このように「相手を知る」「私を伝える」の相互のやりとりをしながら支援方針を共有することで，ともに責任をもつ関係性を構築していけるのです。

5.　おわりに

　本章では，協働関係を構築し，発展させるためのコツについて，紹介してきました。では，協働のゴールは何でしょうか。筆者らは，「公認心理師がいなくても多職種がそれぞれの専門性を発揮し，責任をもって協働できる組織に

なること」だと考えています。「他の職種に心理臨床的な価値観や方法論が内在化されること」,「公認心理師と多職種が協働して考案した方法やシステムが長年にわたって続くこと」ともいえるでしょう。わかりやすく説明するために,「公認心理師がいないと動けない組織」について考えてみましょう。なぜこのような組織になってしまうのでしょうか。例えば,公認心理師が何でも一人でやってしまう,頼りになり過ぎる,専門性を振りかざすといった場合が挙げられるでしょう。専門性を振りかざしてしまうと,多職種に「自分は公認心理師ではないから,心理的な支援が必要な人には関わることができない」と思わせてしまうことがあります。

　非常勤や期限付き雇用など,公認心理師の雇用が安定しないなか,公認心理師（人）が代わると,あるいは公認心理師がいなくなると,協働できなくなるのは非常に残念です。協働関係をつくるには,それなりに時間も労力も必要です。時間と労力をかけてつくった協働関係は,公認心理師が代わっても,あるいは公認心理師がいなくなっても,できるだけ維持・発展させたいものです。では,そのためには,何が必要でしょうか。

　重要なことは,非常にシンプルですが,多職種にも協働のメリットを実感してもらうことだと考えています。「難しいクライエントへの支援も,協働するとうまくいく」「一人でやるより一緒にやるほうが楽だ」などと体験から感じてもらうことです。また,「自分も協働の中で役に立てることがある」「協働メンバーの一人として果たせる役割がある」などと感じてもらうことも大事でしょう。それぞれが自分の専門性や得意分野を活かして,役割を果たすことで協働は成り立ちます。誰にでも何かしらやれることがあるはずです。さらに,筆者らの経験から考えると,キーパーソンがいるとうまくいく可能性が高くなります。例えば,組織の窓口になる担当者や管理職,校長や養護教諭,学部長や学生課長などの立場の人が協働の意識や姿勢をもっていると,公認心理師が交代しても,協働関係がつながっていく可能性が高くなるのです。

　これはカウンセリングの終結にも似ています。つまり,カウンセリングのゴールは,「クライエントがカウンセリングにこなくても自分の力でなんとかやっていけるようになること」といえます。クライエントに対してそうするように,組織に対しても,協働相手を依存させすぎず,各自が自身の力を信じられ

るような働きかけをして，独り立ちしてもらう，ということです。

　さらに，協働がつながっていくような組織づくりの視点も重要です。つまり，一つの困難な事例に対処するために多職種と協働するという発想ではなく，常に協働態勢をとることができる組織になることが重要ではないでしょうか。そのためには，組織をアセスメントすることが必要になります。また，自身が所属している組織を協働という視点でみたときに，どのような段階にあるのかを考えることも役に立つでしょう。詳しくは，第 3 章のコラム，および第 5 章で紹介します。

コラム 1　コロナ禍における協働

　本章では，「面接室にとどまらず，自ら動くこと」を勧め，積極的に人と関わって，関係を構築していくことの重要性を述べてきました。しかし，現在，新型コロナウイルスの感染拡大防止策として，三密の回避，身体的・物理的距離の確保がいわれています。このような状況は，「協働」にどのような影響を及ぼすでしょうか。

　身体的・物理的距離を確保する弊害として，心理的な距離がなかなか縮まらないことが挙げられます。なんとなく雑談をしてはいけない，長時間一緒にいてはいけない，そんなことを感じた人も多いでしょう。いつでもどこでもマスクという状況では，いつまでたっても相手の顔の全貌がわかりません。半分の顔しかわからない人とのコミュニケーションは，半分以下の意思疎通になりそうです。声が聞き取りづらく，コミュニケーション不全が生じるかもしれません。

　このような協働に不利な状況は，今しばらく続きそうです。「協働」にプラスになりそうなことを積極的に探していきたいところです。

　まず，不安が高まり，それぞれが何らかのストレスを抱えている状況にあって，ストレスマネジメントの資料の提供や個別相談など，公認心理師が提供できることはたくさんありそうです。そしてそのことが，公認心理師を知ってもらうきっかけになることもあるでしょう。

　また，この状況の強みの一つとして「世間のオンライン慣れ」がありそうです。

テレビでもニュースでも，オンライン画面でしゃべっている様子にあまり違和感がなくなってきたと思いませんか？　例えば，協働促進のための取り組みとして，「コロナストレスとのつき合い方」と題してストレスマネジメントの方法を啓発する際に，オンラインを用いる方法が考えられます。組織内のイントラネットやポータルサイト等で発信することも，以前に比べて技術的にやりやすくなりました。文字情報だけでなく，表情や動作，音声情報が入ったほうが，ずっと理解しやすくなるでしょう。動画に，公認心理師自身が登場することで，より多くの多職種に顔を知ってもらうこともできるでしょう。笑顔で登場すれば，ぐっと親近感も増しますね。もちろん，職場環境や分野により通信ツールの活用が可能かどうかやその活用方法は異なりますので，プライバシーポリシーの確認は不可欠です。

　コロナ禍における「新たな協働様式」を，一緒に，前向きに検討していきましょう。大切なのは，さまざまな通信ツールのメリットを活用しながら，新たな協働様式を建設的につくりあげていく柔軟性と，オンライン頼りにならずに生身のコミュニケーションを忘れずにいる誠実さをもつことではないでしょうか。

第2部

多職種協働の事例（発展編）

第**3**章

教育分野の事例

　本章では，教育分野における協働の事例を紹介します。第1章では学生相談の事例，第2章ではスクールカウンセラーの例を挙げながら，話を進めてきました。ここでは，第2章で示した「協働のコツ」を活用しながら，「組織にどのように入り，協働関係の構築をどのように進めていくか」を中心に記述していきます。

1.　はじめに

　X 大学の学生相談室開設は 1960 年代後半であり，それから 30 年余り非常勤カウンセラーのみの体制で運営されていました。筆者は初めての専任カウンセラー（1年契約，更新は3年までの嘱託職員）として着任しました。
　長年，非常勤カウンセラー体制で運営されてきた学生相談室に着任した最初の1年間に，筆者は協働関係を築くために，第2章で紹介したコツや工夫を活用しました。では，初めて組織に入ったところから，少しずつ組織に慣れていくにつれて，どのようにコツを活用したでしょうか。ここでは，筆者が X 大学に勤務した1年間を，着任から1か月〜3か月（第1期），4か月〜6か月（第2期），7か月〜1年（第3期）に分けて紹介します。時期による大まかな違いをイメージしてもらえたらと思います（表3-1）。

表3-1　時期ごとにみた協働のコツの活用

◎：頻繁に活用した　　　○：時々活用した　　　△：まれに活用した

	1か月〜3か月	4か月〜6か月	7か月〜1年
0　基本的な姿勢			
1. 面接室にとどまらない	◎	◎	◎
2. 自ら動く	◎	◎	◎
Ⅰ　相手を知る			
1. 個人を知る	◎	○	△
2. 組織を知る	◎	○	△
3. ニーズを探る	◎	○	○
Ⅱ　私を伝える			
1. 人となりを伝える	◎	○	△
2. 専門性を伝える	○	○	○
Ⅲ　相手と私で共有する			
1. 相手の立場に思いを馳せる	△	○	◎
2. 支援の方向性を共有する	△	○	◎

2. 第1期（1か月〜3か月）におけるコツの活用

〔1〕概要

　着任から1か月は，「協働相手を知る」ことを強く意識して動いていました。協働相手の「人」や「組織」のことを知ろうとし，筆者自身の動き方を模索していた時期といえるでしょう。また，相手を知ると同時に，自分のことを知ってもらおう，そのために自分のことを積極的に伝えようと努めていました。「自分のこと」には，「私はこういう人間です」ということと，「カウンセラーはこんな仕事をします」ということの両方が含まれます。初めての専任カウンセラーということもあり，カウンセラーは何をする人か，どのように役に立つのか，どのように活用すればよいのかなどについて知らない教職員がほとんどでした。非常勤カウンセラーが長く勤務していたものの，そもそもカウンセラ

ーが学内にいることを知らなかったという教職員もたくさんいました。したがって，まずは「知ってもらうこと」に力を尽くしました。「カウンセラーの仕事」の前に「どんな人か」を知ってもらうことが先だと考え，日頃から学内で出会った人には欠かさず挨拶して声をかけること，さまざまな部署にこちらから出向いて顔を覚えてもらうこと，教職員が集まるさまざまな機会に出ていくことなど，小さなことから始めました。まずは「（味方かどうかはわからないが）自分たちを脅かす存在ではない」と相手に感じてもらえるように関わることを心がけました。

　教職員が必要だと感じたときにカウンセラーを活用しようと思ってもらうために，できるだけ多くの教職員を知ること，できるだけ多くの教職員にカウンセラーのことを伝えることを意識しながら仕事をしていました。それを続けていると，学内に顔見知りが増えていきました。

　相手のことや組織のことが少しわかってきた頃に，相手のニーズを探ることを意識し始めました。つまり，相手がカウンセラーに何を求めているか，学生相談室はどのように役に立てそうか，といったことにアンテナを張って，教職員と関わっていきました。

〔2〕実践事例

　この時期に，教職員とどのように関わったか，いくつか実践例を紹介します。いろいろなコツを組み合わせて使っていますが，主に活用したコツおよび特に意識した姿勢について，□□□□□□□□□ で示します。

（1）X大学に入るとき

　X大学に入る際，筆者はまず次の4点を目指すことにしました。①教職員との話し合いを通して大学の現状を知ること，②学生相談室がどのような点で役に立つことができるかを探ること，③教職員のニーズや相談室への期待を知ること，④できるだけ教職員を知り，筆者の人となりを知ってもらうことです。そのために，可能な限り教職員と話すことを心がけました。その際，「X大学やX大学生についていろいろ教えてほしいこと」を率直に伝え，教職員の考えや経験を積極的に聴くことから始めました。［面接室にとどまらない］

〔　自ら動く　〕　　〔　個人を知る　〕　　〔　組織を知る　〕　　〔　ニーズを探る　〕
〔　人となりを伝える　〕

　大学に身を置いたり，教職員と話したりすることを通して，大学の風土や学生の雰囲気などを感じとることも重要だと考えていました。立場の違いによって「大学生像」が大きく異なること（羽藤，2001）や価値観・考え方の違いが連携を難しくする（丹治，2004）ため，それぞれの認識や価値観などを知ることも目的の一つでした。またこの期間に，名簿をもとに，全教職員の名前と顔を概ね覚えました。〔　個人を知る　〕　　〔　組織を知る　〕

　また，学生相談室主任や学生課係長より，これまで学生相談室は非常勤カウンセラー体制で，カウンセラーが常駐していなかったために，学生に対して大学全体での対応が十分にできず，教職員が対応に非常に苦慮した学生の事例を聞くことができました。そして，この時の教職員の疲弊や苦労が専任カウンセラー雇用の後押しの一つになったことがわかりました。〔　組織を知る　〕
〔　ニーズを探る　〕

　さらに事務次長より，学生相談室をキャンパスの中央に設置するにあたって，教室として一番使い勝手のよい場所であったため，教室として残してほしいとの要望も多く，交渉に苦労したことや，それでもキャンパス中央に学生相談室を設置して多くの学生に活用してほしいと考えたことなど，設置の経緯を聞くことができました。X 大学の学生支援への思いや専任カウンセラー配置への期待が伝わってきました。このような機会をもてたことも，協働の意識を高めることにつながったように思います。〔　組織を知る　〕　　〔　個人を知る　〕
〔　ニーズを探る　〕

　また，昼食をできるだけ学生食堂でとるようにしました。学食に座っていると，学生のリラックスした様子や友達との関わりなどを目にすることができるためです。X 大学生の雰囲気や特徴も少しずつつかめてきました。また，教職員と休憩時間が重なった際にはできるだけ声をかけて，一緒に昼食をとることを心がけました。その場での雑談が「個人を知る」ことや「人となりを伝える」こと，「ニーズを探る」ことに役に立つと考えたためです。一緒に昼食をとることができない場合でも，挨拶を交わすことで筆者のことを意識してもらえたり，教職員の顔を覚えたりする機会になりました。〔　面接室にとどまらない　〕

[自ら動く]　　　[個人を知る]　　　[組織を知る]　　　[人となりを伝える]

[ニーズを探る]

　さらに，職員有志の聖歌隊に入り，昼休みの練習に参加したことによって，より相手のことを知り，自分のことを伝えることができたように思います。普段あまり出会うことのない部署の職員にも，学内にカウンセラーがいることを知ってもらう機会になりました。[面接室にとどまらない]　[自ら動く]

[個人を知る]　　　[人となりを伝える]

(2) 就職課職員に関わるとき

　着任当初は就職課との接点がなかったため，こちらから「御用聞き」に出向きました。まずは課長に自己紹介をして，「何か手伝えそうなことはありませんか」と尋ねてみました。[面接室にとどまらない]　[自ら動く]

[ニーズを探る]

　課長から「学生にどんどん就職課に来てもらいたいが，部屋に入ることを躊躇する学生もいるので，学生が部屋に入って来やすいレイアウトや職員に相談しやすいレイアウトについて，一緒に考えてほしい」との相談を受けました。「心理の人だから学生の気持ちがわかるのではないか」と考えてくれたようです。御用聞きに来たので，何か仕事を探してくれたのかもしれませんが，それでも筆者にとっては，次につながる大事なチャンスでした。そこで，課長と数名の職員と一緒にいくつかの案を考え，他の職員の意見も取り入れて，そのうちの一つを試みることにしました。この話し合いの中で，課長の飾らない人柄や柔軟性を感じ取り，また課員が率直に意見を言い合える組織であることがうかがわれました。そこで筆者もできるだけ率直に，感じたことや考えたことを伝えることにしました。例えば，レイアウトを変更する前は，複数の職員の視線が注がれて，とても緊張したことを伝えてみたところ，課長も職員も真摯に耳を傾けてくれました。1週間ほど経って，新しいレイアウトの効果について確認したところ，幸い効果が実感できていたため，もうしばらくこのレイアウトを続けてみることになりました。[個人を知る]　[組織を知る]

[ニーズを探る]　[人となりを伝える]

　その後，直接言葉を交わしたことのない職員でも，学内で出会ったときに，

レイアウトの話をきっかけに会話が弾んだり，その流れで相談を受けたりするようになりました。レイアウトについて一緒に検討するなかで，「個人を知る」ことや「人となりを伝える」ことができ，そのことが次の協働につながっていったように思います。　面接室にとどまらない

　また，課長をはじめ複数の職員とレイアウトについて話すなかで，「学生の力になりたい」という思いは強いものの，就職課を利用する学生は限られており，「学生にもっと気軽に相談してほしい」というニーズがあることがわかってきました。一方で，「あまり健康でない」と職員が感じる学生にはどのように対応すればよいかわからず，不安を感じている様子もうかがわれました。そこで，カウンセラーとして何か役に立てることがあるのではないかと感じました。　ニーズを探る　　個人を知る

　しかし筆者は，就職活動や就職状況について知識も経験も乏しかったため，まずは就職課主催の学生向け就職説明会に参加して，学ぶことから始めました。説明会への参加によって，就職活動に関する知識をわずかでも補うことができ，学生が感じるプレッシャーやストレスについても，肌で感じとることができました。また，職員の仕事内容や学生への関わりについて，具体的に知ることができたことは，大変役に立ちました。　面接室にとどまらない　　自ら動く　　個人を知る　　組織を知る

　就職や進路についての相談は，筆者が予想していた以上に多く，就職セミナーが数多く開催される時期に相談が増加する傾向にありました。そのような学生の動きについて，できる限り就職課と情報交換をしました。その際，個人情報に配慮しながら，学生の不安や相談内容についても具体的に話し合う時間をもちました。また，筆者自身が就職説明会で感じたことについて率直に伝えていきました。職員もその実態を知ったことにより，学生の心の動きについてより関心と理解を示すようになりました。引き続き，一緒に学生への対応を考えていくことになりました。　専門性を伝える　　人となりを伝える

(3) 教務課職員に関わるとき：Aさんへの支援

　着任早々，この4月に短期大学からX大学に編入学してきたAさんが来談しました。「精神疾患を抱えているので，学生生活を支援してほしい」と

のことでした。まずは早急に時間割を作成する必要があったため，教務課の職員に協力を依頼しようと挨拶に出向きました。 ［面接室にとどまらない］
［自ら動く］

　学生相談室の役割の中でも，学生が大学生活に適応して，単位を順調に修得していけるように支援することは重要です。そこで教務課との協働関係を築くことは欠かせません。ここではAさんの相談をきっかけに，教務課職員と関わる機会をもつことができました。まずは自己紹介をして，「X大学に入って数日であるため，ぜひいろいろ教えてほしい」ことを伝えました。短時間のやりとりの中で，職員が学生一人ひとりのことをよくみていること，精神疾患をもつ学生への対応には不安があることなどがわかりました。また，職員からみた学生主任（学科で学生支援を担当する教員）の特徴やAさんの学科では少人数の授業が多く，教員の支援を得られやすいことなど，いくつかの情報を得ることができました。 ［個人を知る］　　［組織を知る］　　［人となりを伝える］

　数日後，Aさん，筆者，職員の3名で話し合いました。本人の了承を得たうえで，Aさんの状態や特徴を職員に伝えました。その際，専門用語を使わず，職員がイメージできる言葉で説明することを心がけました。そして3名でAさんに合った履修の仕方や時間割の組み方を検討しました。例えば，Aさんの状態から考えて，授業を詰め込みすぎていると感じた場合には，「授業をさぼったり，手を抜いたりすることが難しく，結局エネルギー切れになり，動けなくなってしまう」といった特徴を本人に思い出してもらい，一部の授業を来年度に回すことにしたり，「朝は体がだるくてぼーっとしてしまう」という特徴を考えて，できるだけ午後の授業をとることを検討したりしました。また，職員のキャリアを尊重し，授業や教員に関する情報を職員から得たり，教務課職員としての経験を踏まえた意見を聞いたりすることを大事にしました。筆者はX大学の履修に関するルールや手続きについて，まだ十分に理解していなかったため，Aさんと一緒に，職員に一から教わることになりました。このことは，その後の学生支援にも活かすことができました。 ［個人を知る］
［組織を知る］　　［人となりを伝える］　　［専門性を伝える］

　一方，職員は筆者とともにAさんに関わるなかで，初めは不安を感じていた精神疾患をもつ学生への対応について，その一部を理解することができまし

た。その際，筆者は職員にも理解できる言葉で話すことを心がけました。また，Aさんのもつ力や成長した点などポジティブな面についても積極的に伝えることを意識しました。その結果，職員がそれまでもっていた「対応が難しい学生」「理解できない学生」との認識は徐々に変化し，学生に合った対応を自ら考え，工夫できるように変化していきました。そのことにより職員自身は学生支援に自信をもてるようになったり，学生を支援することへの負担感が低減したりしました。　ニーズを探る　　専門性を伝える

　そして，Aさんは授業のことで不安になったり困ったりしたときに，自ら教務課窓口に出向き，職員に相談しながら自分の力で解決できることが増えていきました。

　なお，Aさんの事例では，主治医，学生主任やゼミ担当教員などとも協働して支援を進めていきました。その内容については，第3期の節で紹介します。

3. 第2期（4か月〜6か月）におけるコツの活用

〔1〕概要

　4か月〜6か月頃になると，「相手と私で共有する」ことを意識するようになりました。着任当初も相手との共有を考えていなかったわけではなく，支援の仕方や目標について話し合うことに努めてはいました。しかし，相手を「知る」ことで精一杯で，「相手の立場に思いを馳せる」ことは不十分だったように思いますし，「支援の方向性」は漠然としていたように思います。6か月頃にはかなり率直に話し合いができるようになり，具体的に支援への考えや目標を共有できるようになりました。また，組織に慣れてきて相手のことがわかってくると，「焼酎お湯割り方式」（コラム4，p. 70参照）についても提案しやすくなりました。それは，組織の中で「協働」が当たり前になってきていることとも関連していました。さらに，筆者は1年契約（更新は3年まで）の嘱託職員であったため，カウンセラーがいなくても多職種が自信をもって学生への支援ができるようになることを常に意識していました。

〔2〕実践事例

（1）就職課職員に関わるとき

就職課を訪れる学生のなかには，就職活動が一つのきっかけとなり，「自分には何のとりえもない」「社会に出てやっていけるか」などと非常に不安になる学生がみられました。そのような学生は速やかに就職課より学生相談室に紹介されるようになりました。その際も多くの学生は，職員の説明により，相談してみたいという気持ちになって来談しました。それは，職員が「その学生に対して，学生相談室が何か役に立てるのではないか」と学生相談室のことを信頼して紹介したためだと思われます。

第1期に，就職課の職員とよい関係を築けたことや，筆者との頻回の話し合いによって，職員が学生の心の動きについて関心と理解を示すようになったことが功を奏したようです。

就職課から紹介された学生に関しては，本人の了承を得たうえで，職員に筆者の対応について報告しました。その際，専門用語を使わず，職員も具体的にイメージできるように，できるだけ平易な言葉で伝えることを心がけました。例えば「焦燥感が強く，対人関係の過敏さや自尊心の低下がみられます」ではなく，「周りが次々に内定を得ていくなかで焦って空回りし，ますます不安が高まっている状態のようですので，まずは不安をおさめることに努めます」「自信をなくしやる気を失っているようですので，自信をもてそうなところから話し合います」と伝える，などです。 ［専門性を伝える］

紹介されて来談した学生のなかには，保護者に連絡して本人の状態を説明し，医療機関に紹介する必要がある学生もみられました。その際，本人や保護者の承諾を得たうえで個人情報に配慮しながら，医療機関につなぐ必要性を職員に説明しました。その学生が次に就職課を訪れた際，どのように対応すればよいのかわからないといった職員の不安を感じ取ったためです。また，なぜ医療機関での治療が必要と考えたのか，そのポイントを具体的に伝えておくことは，職員が他の学生に対応する際にも役立つことがあるのではないかと考えていました。 ［専門性を伝える］ ［相手の立場に思いを馳せる］

そのうえで，職員に対し，筆者に求めること，期待することを具体的に確認しました。そのニーズに沿って，不安が強い学生への対応について一緒に考え

たり，精神疾患の基礎知識についてまとめた資料を準備したりしました。学生
への関わり方や知識を伝えることと，職員の不安を払拭することを目指しまし
た。　ニーズを探る　　専門性を伝える　　相手の立場に思いを馳せる

　学生相談室を訪れた学生に対し，就職課への相談を勧めることもありました。
また，職員に相談室に来てもらうこともありました。さまざまな病気を抱えた
学生の場合，本人，筆者，職員の3名で，時には保護者も含めて，就職のこと
や将来のことを考える機会をもちました。本人の了承を得たうえで，本人の特
徴や希望について具体的に伝え，またどのように支援を進めていくか，一緒に
検討しました。それぞれの立場から率直に意見を出し合い，納得できるまで話
し合うことを心がけました。その際，自分の考えを主張するだけでなく，相手
の立場に立った発言も徐々に増えていきました。企業に関してさまざまな情報
をもち，就職活動支援の経験が豊富な職員から，具体的で正確な情報を得るこ
とが学生の助けになることは多く，そのことにより筆者も支えられたように思
います。　相手の立場に思いを馳せる　　支援の方向性を共有する

　つまり，筆者と職員はお互いの専門性を尊重し，お互いに専門を活かした支
援をともに行ったといえます。

（2）保健管理室の保健師や教員に関わるとき：Bさんへの支援

　不安症のあるBさんは，頻繁に保健管理室を利用していたことより，保健
師から紹介された学生でした。本人はしぶしぶ連れてこられた様子でしたが，
筆者はその場で挨拶をして面接日時の約束をし，なんとか面接にこぎつけるこ
とができました。後日Bさんに聞いたところ，「カウンセラーの顔をみて，少
し安心した」ことと，「日時を約束したから，面接に行かなくちゃという気持
ちになった」とのことでした。筆者と数回の面接を重ね，信頼関係ができたと
ころで，学校医にもつなぐことができました。

　Bさんは保健管理室をほぼ毎日利用していたので，筆者は保健師と話し合い，
Bさんに対して，心理的な内容については学生相談室で話すよう，やんわりと
勧めてもらい，筆者が心のケア，保健師は体のケアをするという役割分担を行
いました。筆者と保健師とはできるだけ情報を共有し，学校医にも時々経過を
報告して意見交換を行い，本人との面接に活かしました。また，筆者，保健

師，学校医の 3 名で話し合いをもち，支援の方向性を検討しました。治療に関しては，学校医を通して，医療機関につなぐことができました。筆者は B さんの了承を得て主治医と連絡をとりながら，本人の状態に合わせて大学での生活を支援することにしました。　専門性を伝える　　相手の立場に思いを馳せる　支援の方向性を共有する

　B さんへの支援をスムーズに行うことができたのは，日頃から保健管理室に出向いて，保健師と雑談も含めて，いろいろな話をしていたためだと考えます。特に，第 1 期では保健師から X 大学生について多くのことを教わり，また学生についての相談を受けることがしばしばありました。話をするなかで，お互いの人となりや考え方を知ることができ，また学生への関わり方を見たり聞いたりするなかでその専門性も知ることができました。　面接室にとどまらない　自ら動く　　個人を知る　　人となりを伝える　　専門性を伝える

　さらに，B さんとの面接の中で，自宅での様子が気になり，母親との面接を行うことにしました。面接の中で，「ゼミの課題を仕上げられないことが大きな負担になって B さんの状態が悪化している」ことが明らかになりました。B さん自身もこのことで困っており，なんとか解決したいと考えていること，この件で担当教員と話し合いたいと思っていることを確認しました。B さん，筆者，担当教員で話し合うことが必要だと考えましたが，B さんは教員に会うことを想像するだけで不安が高まりました。そこで B さんと相談し，まずは筆者が教員と話すことにしました。教員も B さんへの対応について悩んでおり，筆者の話を聞いて安心した様子でした。またなんとか B さんの状態を理解し，B さんへの関わり方を工夫しようとしていることが伝わってきました。教員と話した内容とそのときの様子を B さんに伝えたところ，B さんは安心したようで，「先生と会って話す」ことを自ら決めました。そこで，3 名で会う機会をつくりました。筆者が時々サポートしながら，B さんは教員に今の状態や困っていること，悩んでいることなどを自分の言葉で伝えることができました。また，それに対して理解を示してもらえたと感じたことにより，状態はかなり落ち着いていきました。そのことをきっかけに，B さんは教員ともやりとりができるようになりました。　面接室にとどまらない　　自ら動く　個人を知る　　ニーズを探る　　専門性を伝える

　なお，本人の了承を得て，関係者（筆者，保健師，学校医，担当教員）で複数回の会議をもち，情報を共有して B さんの状態に応じた支援について検討しました。 支援の方向性を共有する

4. 第 3 期（7 か月〜 1 年）におけるコツの活用

〔1〕概要

　7 か月から 1 年が経つ頃には，カウンセラーが学内にいることはほぼ知られており，カウンセラーの仕事内容については概ね理解されていました。また，筆者の人となりについても，「なんとなく知っている」人が増えてきました。一緒に仕事をした人には，専門性についてもある程度理解されている一方，初めて会う相手に対しては，「個人を知る」ことや「私を伝える」ことから一つずつ丁寧に進めていきました。

　「ニーズを探る」ことに関しては，常にアンテナを張っていました。カウンセラーの仕事内容や専門性が理解されるにつれて，筆者に求められる内容がより具体的になっていきました。

　協働相手によって違いはあるものの，X 大学という組織全体として考えると，「相手と私で共有する」ことに力を注いだ時期といえるでしょう。つまり，「相手の立場に思いを馳せる」ことや「支援の方向性を共有する」ことを強く意識するようになり，実際に支援の方向性を共有できるようになりました。

　嘱託職員としての任期を終える時が近づいてきました。任期のあるなしにかかわらず，仮に筆者が長年勤務できるとしても，教職員に一つひとつ助言をすることは不可能です。また組織としては，カウンセラーがいなくても，教職員一人ひとりが気づいて動けることが理想であり，そのような組織になったときに組織全体での学生支援が達成されると考えます。そこで第 3 期の後半には，カウンセラーがいなくなったときや交代したときの組織についても意識しながら，教職員に関わっていきました。

〔2〕実践事例

（1）多職種に関わるとき：Ｃさんへの支援

ここでは，学生部長，事務次長，学生課長および課員，保健師，学生主任，ゼミ担当教員，学生相談室主任，筆者，Ｃさんの友人，民生委員，Ｙ市ケースワーカーが関わった４年生Ｃさんへの支援を紹介します。

家にこもりきりになったＣさん。闘病中の父親と二人暮らしで，入院中の父親をみながら，大学に通っていました。その父親が最近亡くなり，連絡が途絶えたと友人たちがゼミ担当教員，学生課に相談したことが支援のきっかけになりました。

前述した支援メンバーのなかの学内教職員で早急に会議をもちました。筆者は支援に関わるメンバー全体の動きを見通してマネジメントしていくことにしました。まずはＣさんについて，それぞれ情報を出し合い，状況を整理しました。父親の死は自分のせいだと落ち込んでいたこと，母親はすでに亡くなっており，親戚とのつき合いも途絶えていることがわかりました。ゼミ担当教員は「真面目で意欲的に学んでいた。コツコツと努力するタイプ。特に相談を受けたことはなく，一人で耐えていたのかもしれない」と述べました。一年ほど前に，学費についての問い合わせでＣさんと関わったことがある学生課員は，「おとなしくて真面目な印象だった」と述べました。これまで学生相談室を利用したことはなく，また学生課が定期的に実施している「成績不振者調査」や「長期欠席者調査」で名前が挙がってきたこともありませんでした。　面接室にとどまらない　　自ら動く　　個人を知る　　人となりを伝える

対応を検討する際，それぞれが心配なことや他職種に求めること，自身が対応できそうなこと等について率直に出し合いながら，役割分担を行っていきました。　個人を知る　　ニーズを探る　　専門性を伝える

話し合いの結果，まずはＣさんの無事を確認することが急務であることで合意し，その日のうちにゼミ担当教員と学生主任が自宅を訪問しましたが，会うことはできませんでした。また，衣食住の問題を解決することが優先課題であることが確認されました。そこで，民生委員，ケースワーカーとの協働を考え，まずは学生相談室が彼らに連絡をとり，対応を話し合いました。す

でにケースワーカーはＣ家のことを確認しており，また民生委員は時々Ｃさ
ん宅を見回ってくれることになりました。学生主任がＣさん宅を訪問した際
に，たまたま見回っていた民生委員と話すことができ，その後の民生委員と
の連絡については，学生主任が引き受けることになりました。Ｃさんとの連
絡窓口は，以前Ｃさんから学費についての相談を受けた学生課員が当面担当
し，筆者と相談しながら，さまざまな接触方法を試みました。Ｃさんの友人
たちとはゼミ担当教員がやりとりをすることにし，筆者と相談しながら，彼
らへの協力を依頼しました。また，友人たちからＣさんの様子を聞き，Ｃさ
んの状況把握に努めました。　[専門性を伝える]　　[相手の立場に思いを馳せる]
[支援の方向性を共有する]

　筆者は支援チームの要として動くことを意識していました。例えば，変化し
ていくＣさんの状況を把握し，整理すること，その時々でＣさんに必要な支
援を考えること，それらの支援について教職員それぞれの役割を考えることな
どでした。また，できる限り時間をかけて教職員の相談に乗ることを心がけま
した。教職員が抱える不安や無力感に対応し，心理的な支援をすることはも
ちろんですが，例えば，友人やゼミ担当教員にはどのように動いてもらうのか，
Ｃさんへの手紙やメールの文面はどのようにするかなど，具体的な関わりにつ
いても一緒に検討しました。その際，専門用語を使わず，平易な言葉で伝える
ことを心がけていました。各関係者の動きやＣさんの情報は速やかに学生課
長と筆者に集まり，その内容を整理しました。必要に応じて関係教職員が集ま
って，話し合いを行いました。　[専門性を伝える]　　[相手の立場に思いを馳せる]
[支援の方向性を共有する]

　当初，Ｃさんにはほとんど反応がみられませんでしたが，留守番電話のメッ
セージは聞いている様子，自宅訪問の際に残してきたメモは読んでいる様子が
うかがえました。民生委員に連絡をして確認したところ，夜には部屋の電気が
ついていること，時々買い物に出かけていることがわかりました。また，Ｃさ
んはケースワーカーとつながり，生活リズムが整ってきたこともわかりました。
　全員が焦らずに根気強く，それぞれの役割を果たすことができるよう，筆
者はさまざまな工夫をしました。例えば，Ｃさんの状況を理解してもらうため
に，近親者を亡くしたときのグリーフプロセス（悲嘆の過程）について説明

をしたり，Cさんの小さなよい変化を見つけて共有したりしました。頻繁に集まって情報を共有し，話し合いをもったことも，諦めずに支援を続けることに役に立ったと考えています。 専門性を伝える 相手の立場に思いを馳せる 支援の方向性を共有する

　Cさんへの支援に関して，最初は，筆者が全体の動きをみながらさまざまな提案を行ったり，教職員の相談に乗ったりしました。その際も，教職員の考えを聞きながら，話し合って決めることを基本にしていました。時間が経つにつれ，教職員からの提案や自主的な動きが増えていきました。 相手の立場に思いを馳せる 支援の方向性を共有する

　その結果，Cさんは少しずつ友人と関わることができるようになりました。当初は友人からの電話に出られず，自宅を訪ねても会うことができませんでしたが，少しずつ電話に出られるようになり，親しかった友人に会うことができるようになっていきました。数か月後，書類提出のために学生課に出向いたところを課員より筆者につないでもらい，学生相談室での面接が可能になりました。その後，継続して面接を行い，無事に卒業することができました。

　卒業できたことはもちろんですが，父親を亡くして強い孤独や不安の中にいたCさんにとって，自分を心配して力になってくれる人たちが周りにたくさんいると実感できたことは大きな力になり，それはCさんの今後の人生にも活かされることでしょう。

（2）多職種に関わるとき：Aさんの支援会議

　第1期で紹介したAさんについて，支援に関わる関係者が集まって，複数回の支援会議を実施しました。メンバーは筆者，ゼミ担当教員，学生主任，保健師，教務課職員，学生課職員などです。メンバー構成については筆者が検討し，それぞれ依頼を行いました。第1期，第2期において「個人を知る」ことや「私を伝える」ことに力を入れてきたことが役に立ち，またそれぞれの「ニーズを探る」なかで，Aさんの支援にとってプラスになるだけでなく，支援する側にとってもプラスになることを目指して，メンバーを確定することができました。

　最初の会議では情報を共有し，それぞれのニーズを確認しました。お互いに

ニーズを聞きながら，また相手の立場に思いを馳せながら，支援の方向性を共
有していきました。

　Aさんへの支援を体験したことにより，ゼミ担当教員は他のゼミ生への関
わり方について見直すきっかけになったり，学生主任や職員は困難を抱えた学
生に対応する際のヒントを得たりしました。

5. 「面接室にとどまらない」こと，「自ら動く」こと

　「面接室にとどまらない」ことや「自ら動く」ことについては，時期にかか
わらず，常に意識していたように思います。その実際については，実践事例か
ら読みとってもらえたことと思います。

　第1期に就職課に行った「御用聞き」や就職説明会への参加などはその一例
です。他にも，日頃から保健管理室に出向いて保健師といろいろな話をするよ
うにしていたことや学食で教職員と一緒に昼食をとることなども，「面接室に
とどまらず，自ら動く」ことといえます。

　実践事例の中での記述以外にもいくつかの工夫をしましたので，紹介します。

〔1〕 教職員から学生を紹介されたとき
　教職員が学生相談室の利用を勧めてくれることや直接学生を連れてくること
が徐々に増えてきました。学生は教職員と話すなかで，学生相談室で相談して
みようという気持ちが強まり，筆者との面接につながる場合が多くみられまし
た。教職員が筆者のことを知っていて具体的に勧めてくれたことや，教職員自
身が「学生相談室に行ってみると，学生にとって何かよいことがあるのではな
いか」と信じて勧めてくれたことが，学生の来談意欲につながり，また学生と
筆者との関係づくりにもよい影響を与えたと考えられます。つまり学生は，筆
者や学生相談室に対して，ある程度の信頼感や期待感をいだいて来談し，その
ことが問題解決にプラスに働くことがしばしばありました。また，その学生の
ことで教職員に協力を依頼すると快く応じてくれることが多く，そのことも問
題解決に役立ちました。

　教職員から紹介を受けた場合，学生との面接後，速やかに紹介のお礼を伝え，

表3-2　教職員からの学生紹介に対するお礼と報告内容〔徳田, 2006〕

部　署	報　告　内　容
保健管理室 保健師	本人はかなり以前より困っていたようですが，どうすればよいのかわからず，人に相談することにも抵抗があったようです。最初はちゅうちょする学生をよくぞ連れてきてくださったと感謝しています。面接後は固かった表情も少し和らぎ，ほっとした様子でした。こちらもほっとしました。本人の合意を得ることができましたので，継続してお会いする予定です。保健師さんがいつもうまく繋いでくださることに感謝しています。
学生課職員	先程はDさんに相談室をご紹介くださり，ありがとうございました。本人の希望もあり，継続してお会いすることにしました。「このままではいけない」と思いながらも動けず，学生課からの面談通知が出てくるきっかけになったようです。通知の役割って大きいなあと感じます。ちょっとしたきっかけを待っている学生さんも多いのでしょうね。また，そちらで学生相談室に行くことの利点をしっかり話してくださったおかげで，相談してみようという気持ちになったようです。大変助かりました。ありがとうございました。
就職課職員	先程はありがとうございました。かなり焦りと不安が強かったため，保護者に連絡し，医療機関を紹介しました。保護者も本人の様子を心配されていたようで，こちらの説明を聞いて状態を理解され，すぐにでも受診しますとのことでした。無理をせず少し休むことが必要だと考えています。保護者から報告を受ける予定ですので，窓口での彼への対応についてお願いしたいことがありましたら，すぐにご連絡を差し上げます。よろしくお願いします。
学生主任 （教員）	学生を連れてきてくださった後，1時間ほど話しました。初めは涙を流していましたが，話し終わるとすっきりした様子で笑顔も見られました。「少し整理できたので自分でやってみる」とのことでしたので，次は1か月後にお会いする予定です。他にも学生相談室がお役に立てそうな方がおられましたら，ぜひご紹介ください。

学生の了承を得たうえで，筆者の見立てや今後の予定などについて簡潔に報告しました（表3-2）。

　このような関わりは，教職員がさらに多くの学生に学生相談室への相談を勧めてくれたり直接学生を連れてきてくれたりすることにつながったと思います。

〔2〕学生相談室から1週間の報告

　「学生相談室便り」を定期的に発行したり，毎週月曜日の学生課朝礼で相談室からの連絡や報告をしたりしていましたが，もっと学生相談室や筆者のことを伝えたいと考えました。そこで，毎週金曜日の夕方，学生課職員全員に対し，継続的にメールにてメッセージを送ることにしました。

　1週間の活動状況，次週の予定などとともに，学生と関わって筆者が感じたことや考えたこと，カウンセリングこぼれ話，学生相談室からみた最近の大

表3-3　学生課職員への週末メール（一部抜粋）（德田, 2006）

9月○日	先日の学会で「学生生活をふまえた学生相談」という話を聞いてきましたので、少しお伝えできればと思います（「学生生活サイクルの特徴」（鶴田, 2001）について説明：略）。記述すると難しそうでしょうか。このような視点も取り入れていただくと、学生理解に役に立つのではないかなと思います。わかりにくい点や質問などがありましたら、どうぞ声をかけてください。これからも学生理解に役立つ学生支援に立つことを見つけたら、折に触れてご紹介できればと考えています。
10月○日	学籍関係って窓口を訪れた学生に相談を勧めてくださり、ありがとうございます。休学・退学を決定しなければならないぎりぎりの時期に、まだ迷って…という学生が多いようです。確かに決めるのは難しいそうだなと思いながら聴いています。もう少し早く来てくれたら…と思いますが、そのためには普段から「来やすい相談室」にしていく必要があるのだろうなと。いろいろと知恵を絞りたいと考えていますが、何かアイデアがあれば教えてください。
11月○日	ラウンジも毎日にぎわっています。自由時間を聞いていますが、その中で学生がコメントしあったり、温かく励ましあったり、情報交換したりしています。ここに来ることで少し元気になる学生がいるらしいのは嬉しいことです。学生課の皆さんにはコーヒーの補充しても、もらったり、雑誌を頂いたり…そのようなご協力があるからラウンジも温かくなるのだろうなと。学生を支える・支えることに「ラウンジ」という空間が一役買っているようです。ご協力に感謝しています。
12月○日	学生による素敵なクリスマスツリーができました。「学生相談室にはどんな相談があるのか」というご質問をいただきましたので、ブライバシーに配慮しつつ、ごく一般的な形にしてご紹介しようと思います。例えば「朝は大学へ行くつもりで早く起きて準備している。いざとなると気になって行かない。ぐずぐずして結局休みになる、どうして行かなかったんだろうと考えてしまう。一日中、今頃の授業中だなとか、どうして…」食べて吐くを毎晩何回も繰り返してしまう。食べても食べても止まらない、寝不足になる、学習も何もできない。苦しい、でもやめられない。」（後略）
12月○日	先週は学生課職員からの紹介が数名ありました。学生課より前もって主任をもって連絡してくださったおかげです。ありがとうございました。今週の年最後の来談者はE さんでした。医療機関を紹介した方で、この頃音沙汰がなく気になっていたのですが、とても元気で。近況報告と年末の挨拶に来てくれたとのこと。表情良く生き生きとした姿を見ることができ、何よりの仕事納めとなりました。今年はこのように嬉しい思いをたくさんさせていただきました。相談室の利用が増えているのも皆さんのご協力があり、一緒にやっていけるからだと感謝しています。
2月○日	今週は「春休みで他の人に会わずに済むから相談に来られた」という学生に来られた。「4月から復学を考えているが不安で…」という学生たちが来る練習をしているがということかと。大学に行きたいのに朝くるのに足が進まないという学生が、「4月からのために大学に来る練習をしている」とぽつり。学生課より紹介していただいたケースです。1月の来談には、お昼に近くのアパートを出たもののやっと大学にたどり着いたという学生で、できる限り応援したいと思っています。大学をやめたくないと頑張っています。

67

学生などをテーマとして，そのとき思いついた内容を自由に書きました（表
3-3）。学生相談室を身近に感じてほしいと思ったこと，筆者の人となりをわず
かでも知ってもらえれば協働関係の構築につながるのではないかと考えたこと
が，その出発点でした。

　報告に対する職員の反応は少しずつ増え，窓口での学生対応についての相談
や学生理解に役立つ書籍に関する問い合わせなどが寄せられるようになってい
きました。また，週明けに顔を合わせた際に，報告の内容が話題になることが
増え，関係づくりにも役に立ったように思います。

コラム2　「教わる姿勢」で組織に入ること

　新しい臨床現場に入る際は，「教わる姿勢」を心がけましょう。例えば，公認心
理師としてキャリアを重ねていたとしても，どの現場でも同じ働き方でよいわけ
ではありませんよね。例えば，あなたが公認心理師として摂食障害のクライエン
トに出会う場合，クライエントの在籍する学校のスクールカウンセラーとして出
会うのか，大学院付属の心理教育相談センターの相談員として出会うのか，精神
神経科クリニックの公認心理師として出会うのかによっても，関わり方や支援の
ゴールは違ってきます。その場に応じた支援の仕方を考えることも必要になるで
しょう。

　その現場で公認心理師が力を発揮するためには，まずは現場の特徴を知ること
が不可欠です。例えば，スクールカウンセラーとして働く場合，その地域の特徴
や学校の風土，先生方の価値観，児童生徒の特徴や保護者への関わり方などをあ
る程度理解することが欠かせません。その組織の作法を知らずに動いてしまうと，
「一緒に働けない人」と思われてしまうこともありますので，注意が必要です。

　そして，それを知るためには「教わる姿勢」が重要になってくるのです。おも
ねる必要もへつらう必要もありませんが，その現場に入るのは初めてなのですか
ら，恥ずかしがらずに，どんどん教えてもらうのがよいでしょう。「教わる姿勢」
を示せば，たいていの人は丁寧に教えてくれるものです。

　ただし，ここで重要なのは，「教わる姿勢」は能動的な行為だという点です。つ

まり，公認心理師にそれを受け取る準備や構えがないと，教わることはできないのです。他職種の方が，言葉ではなく職場での態度や姿勢で大事なことを教えてくれることも多いように思います。しかし，「そのような姿から教わろう」という意欲がないと，それに気づくことはできません。

コラム3　協働関係をスムーズにする「報告」のコツ

　多職種と協働する場合，「報告」はとても重要です。「報告が大事なことくらいわかっている！」と言われそうですね。しかし実際は，相手が忙しそうだと感じて声をかけられず，報告がつい後回しになってしまって注意を受けたり，これくらい報告しなくてもよいのではないかと思っていたら，大きな問題になってしまったり……現場での「報告」は意外に難しいといえます。筆者も，相手に声をかけるタイミングをつかめず，うまくいかなかった経験がたくさんあります。

　特に初心者のうちは「これくらい報告しなくても大丈夫」と勝手に判断せずに，「こまやかに報告すること」を心がけましょう。何が重要な情報で何がそうでないのか，最初から判断することは難しい場合もあるためです。組織や相手によっても，報告すべき事項が異なることがあります。報告したときの相手の反応をよくみていると，そのうちに誰に何をどこまで報告すればよいか，判断できるようになってくるでしょう。

　報告の際，心がけてほしいのは，「できるだけ専門用語を使わずに，平易な言葉で話す」ことです。そのためには相手に思いを馳せることも大事ですし，相手の反応をみながら表現を工夫することも必要になってきます。専門用語を使わずに話すことは案外難しいものです。難しく話しているつもりはなくても，相手に伝わっていなかったということはままあります。日頃からボキャブラリー（語彙）を豊富にして，平易な言葉で表現することを意識しておくとよいでしょう。

　ここで問題になるのが「クライエントについての報告」です。何をどこまで伝えてよいのか，守秘義務との兼ね合いはどうすればよいのか，大変悩ましいですね（公認心理師法第41条には秘密保持義務が定められています）。ここで「集団守秘義務」という考え方がひとつの参考になります。「集団守秘義務」については，

コラム5で紹介したいと思います。

コラム4　「焼酎お湯割り方式」

　最近は全国区になってきましたが，九州では昔から焼酎が大変好まれています。焼酎は多くの場合，水割りかお湯割りで楽しみます。焼酎のお湯割りをつくる際，「6対4」や「5対5」など，焼酎とお湯の割合を決めます。もちろん，「焼酎○ml対水○ml」ときっちり量るというより，多くは目分量です。

　「焼酎○割　お湯○割」のように，「公認心理師○割　協働相手○割」が前提と考えて，支援を始めましょう（もちろん，目分量）。つまり，「公認心理師10割（すべて公認心理師がやること）はあり得ない」「1割でも2割でもよいから他職種にも一緒にやってもらおう」というわけです。したがって，「公認心理師は○○の部分を担当できると考えています。あなたはどの部分を担当できますか，担当してもらえますか」と問いかけることにしています。そうすると，公認心理師に丸投げされることも減り，また相手の役割が見えてくることがあります。それぞれが自分の専門性や得意分野を活かして，役割を果たすことで協働は成り立つと考えられます。誰にでも何かしらやれることがあるはずです。

　公認心理師をはじめ心理職に就く人は「相手の役に立ちたい」「支援を必要としている人をなんとかしてあげたい」という気持ちが強いためか，クライエントを一人で抱え込んでしまったり，クライエントのためにと一生懸命動き，気づくと孤軍奮闘していたりすることが，ままあるように思います。また「周りの人に頼らずに頑張らねば」と考えるあまり，「公認心理師10割」となっていることもあるのではないでしょうか。

　一人で頑張れることもとても大事だと思いますが，残念ながら公認心理師が一人でやれることはそれほど多くはありません。また，クライエントのことを考えると，協働しながら支援するほうがずっと役に立つことができます。さらによいことは，協働によって公認心理師自身が楽になることです。協働によって，苦労や大変さは数分の一，喜びは数倍になるはずです。

　「焼酎お湯割り方式」，これは筆者が恩師に教わった言葉です。この言葉のお蔭で，孤軍奮闘せずに済み，困難な事例に出合ったときも協働によってクライエン

トをなんとか支援することができたと感じています。皆さんも「焼酎お湯割り方式」を念頭に置いて，組織に入っていってほしいと思っています。協働初心者の筆者がそうだったように，きっとあなたを助ける言葉になることでしょう。

コラム5　集団守秘義務

　あなたはスクールカウンセラーとして非常勤で勤務しているとします。学習についていけず，不登校傾向のある生徒Dさんを担任が相談室に連れてきました。Dさんとの面接の後，担任に「Dさんはどうでしたか？」と尋ねられて「公認心理師には守秘義務がありますから，何も教えられません」と言ってしまうと，どのようなことが生じるでしょうか。

　まず，Dさんのことを心配していて，Dさんが学校生活をより快適に送ることができるように手伝いたいと思っている担任の気持ちに応えられませんね。学級担任や教科担任，学年の先生方はDさんにどのように対応したらよいかわからないままであり，Dさんの「学習についていけず，不登校傾向」といった状態が続いていく可能性が高くなります。学級担任や教科担任にも支援してもらえるとDさんの学習の遅れや不登校傾向の解決につながるかもしれないのに，その支援が得られないというDさんにとってのデメリットも生じます。カウンセラーは先生方との大事な関係構築の機会を逸してしまいます。今後，生徒を紹介してもらえないかもしれません。……などなど，他にもさまざまな弊害がありそうです。

　スクールカウンセラーは非常勤勤務であり，また守備範囲も限られていますから，一人でDさんを支援するのは困難といえます。また，一人で抱えようとすることが本当にDさんにとってよいことなのか考えてみると，先生方と一緒のほうが支援できることが増えることに気づくでしょう。

　そこで，「集団守秘義務」という考え方があります。○○の情報については担任とも共有する（ただし，Dさん，カウンセラー，担任以外には秘密を守る），△△の内容は学年の先生方と共有する（学年の先生方以外には漏らさない）など，秘密を守る人たちの範囲を少し広げるのです。

　そのためには，まず先生方と「集団守秘義務」について話し合い，そのことに

ついて十分に理解してもらう必要があるでしょう。

　ここで最も重要なのは，Dさん自身に丁寧に具体的に説明し，Dさんの理解と同意を得ることです。例えば，ある内容をDさんとカウンセラーとの間だけにとどめず，担任とも情報を共有したほうがよいと判断した場合，カウンセラーはなぜそのように考えたのか，情報を共有した場合，DさんにどのようなメリットやデメリットがあるのかなどについてDさんに丁寧に説明を行い，正確に理解してもらう必要があります。さらに担任に伝える内容を具体的に示したり，一緒に考えたりして（どこまで伝えてよいのか，どのような言葉で伝えるのかなど），Dさん自身が「担任の先生にもこのことを伝えてよい」「伝えてほしい」と思うことができるように，慎重に話し合いを重ねることが重要です。

コラム6　RPG（ロールプレイングゲーム）と協働

　コンピューターRPGに親しんでいる方はイメージしてみてください。例えば，RPGにはさまざまな特徴をもつキャラクターがいて，それぞれが得意なことを活かし，また弱いところは補い合いながら，冒険の旅を進めていきます。困難を乗り越え，敵を倒し，さまざまな経験をすることによって成長していきます。自分一人が頑張ってもゴールには近づけません。独りよがりの動きでは，逆にゴールが遠くなることもあります。相手や周りの動きをよくみて特徴を捉え，相手の力を発揮させるためには自分がどう動くべきか考えることもあるでしょう。また，自分の特徴を知ってもらって，得意な面を活かすことを考える場合もありますね。その結果，チームプレイがうまくいくと，よりゴールに近づいていきます。

　多職種と協働しようとするとき，そこにはさまざまな特徴をもつメンバーがいて，それぞれの専門性を活かしながら，困難を乗り越えて一緒に一つのゴールを目指していきます。それぞれの専門性を活かすためには，まずはそれぞれの特徴を知る必要があり，こちらの特徴を伝えていく必要があります。そしてそのためには，お互いに観察したり，コミュニケーションをとったりしながら，関わっていく必要があります。そうしながら，同じゴールに向かって進んでいくのです。

　あるいは音楽が好きな方は，好きなバンドやオーケストラの演奏を思い浮かべ

てみてください。ヴォーカルだけが目立っても，ギターが超絶技巧を駆使しても，バンドとしては今ひとつ，ということは往々にしてありますよね。ここはギターが力を発揮すると演奏がぐっと華やかになる，ここはベースが頑張ると演奏全体が締まる，目立たないがドラムの腕が全体を支えているなど，メンバーそれぞれがお互いの音を聴きながら，専門性を発揮していくことが胸を打つ演奏につながっていきます。楽器によって鳴らし方も違うし，バンドの中での役割も違い，一人だけが頑張っても胸を打つ演奏にはなりません。うまくいかないことに対して，「自分はこんなに頑張っているのに」「他のメンバーがちゃんとやらないからだ」などと言いだすと，素晴らしい演奏どころかバンド解散の危機にもなりかねません。それぞれの特徴を知って演奏すること，うまく役割を分担して自らの役割を果たすことによって，聴き手に伝わる演奏になる……まさに協働だと感じます。

　ほんの少し意識していただくと，日常に「協働」はあふれているように思います。そんなイメージで「協働」を捉えてみると，協働に対する敷居は随分低くなるのではないかと想像しています。

コラム7　相手が協働に消極的なとき　1

　こちらが多職種と協働して支援を進めようと考えても，協働したい相手が同じように考えているとは限りません。学生や児童生徒を支援することは自分たちの仕事ではないと思われている場合もあります。はっきりと「協働したくない」と拒否された経験はありませんが，相手に対して「一緒に支援することにはあまり気が進まないのだな……」と感じる場面は，しばしばあります。例えば，「学生のことで相談したい」と伝えた際に，「忙しくて時間をとれない」「専門じゃないからわからない」「先生のほうが詳しいでしょう」「先生にお任せします」「自分にはとても手に負えない」などと言われるような場合です。あるいは，話し合う約束自体を忘れられることや，話し合いの場で納得のいかない様子で憮然として座っている様子を目にすることもあります。

　「協働するのは気が進まない」と言葉で明確に表明されない分，その気配を察することが必要になります。そして，相手に合わせて速やかに作戦を練り直すこと

も大事です。相手にその気になってもらうこと，相手のペースに合わせることも協働の第一歩，工夫のしどころです。

　もしいろいろ工夫してもとりつく島がないときは，「今は協働しない」という選択をすることもあります。そのときは，いつか協働できることを目指しながら様子をみたり，他に協働できそうな相手を探したりします。協働するのは，クライエントに質の高い支援を提供するためですから，その目的につながらないと判断したときは，協働にこだわらないことも，一方で大切です。協働すること自体が目的ではないのですから……。

コラム 8　　協働関係を可視化する：「FIT（家族イメージ法）」

　本章ではコツの具体例をみてきましたが，コツを使うためには，協働関係をどのように見立てるかが重要です。その際，関係性を可視化できるツールとして，「FIT（家族イメージ法）」（図 3-1 参照）を活用することができます。

　FIT は，亀口ほか（秋丸・亀口，1988；亀口，2000，2003a；システム心理研究所，2003）によって独自に開発された心理アセスメント法で，十分な信頼性と妥当性が示されています（亀口，2003a；柴崎・丹野・亀口，2001）。

　家族をどのようなシステムとしてイメージしているかについて，円形シールを家族に見立てて用紙上の枠内に配置させる方法であり，そこには家族というシステムに生じている多様な相互作用やコミュニケーションのあり方が反映されます（亀口，2000，2003a）。「家族システム」の代わりに，学生への支援に関わる人たちを一つの「学生支援システム」と考えて，FIT を活用します。

　FIT は，シールの色の濃さ（パワー），シール間の距離，シール間を結ぶ線の太さなどから総合的に家族関係を査定します。パワーは「発言力，影響力，元気のよさなどを表す」（亀口，2003a）とされており，そのシステム内の力関係が投影されると考えられています。またシール間の距離には心理的距離が，シール間を結ぶ線の太さには結びつきの強さが投影されます。

　この方法は家族同席で行い，その結果を互いに確認し，感想を共有するところに最大の特徴があります（亀口，2003b；システム心理研究所，2003）。つまりア

セスメントにとどまらず，家族メンバー同士のコミュニケーションの促進（中坪・新谷・坂口ほか，2006）や家族自身が家族関係の変化を把握すること（柴崎・丹野・亀口，2001）も期待されます。

　このような特徴をもつ FIT を，協働関係のアセスメントに活用することによって，支援に関わる多職種同士のコミュニケーションの促進，メンバー自身がお互いの関係の変化を把握することが期待されます（FIT の詳細については，システム心理研究所『FIT（家族イメージ法）マニュアル』を参照してください）。

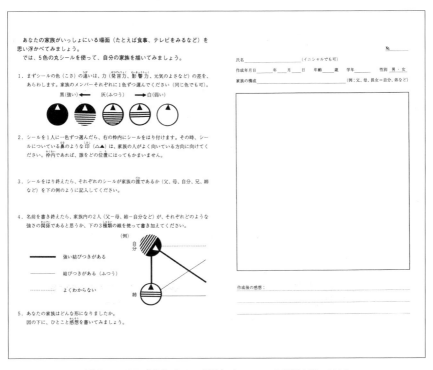

図 3-1　FIT（家族イメージ法）（システム心理研究所，2014）

コラム9　「FIT（家族イメージ法）」の活用事例

　本章の事例において，第1期（第1施行）と第3期（第2施行）に「FIT」を実施しました。筆者，学生課長，保健師がそれぞれFITを作成しました（徳田, 2012）。

　協働関係の変化を視覚的に捉える一つの具体例として紹介します。第3期では第1期に比べて，メンバー間のパワーの差がより小さくなり，心理的距離が近く，結びつきが強くなったことがみてとれます。

＜図の見方＞
シールの色の濃さ：力（発言力、影響力、元気のよさなど）

強い　　弱い

印（　▽ ▼　）の向き：どの方向を向いているか
線の太さ：結びつきの強さ（―――強い　―――弱い-----わからない）
距離：心理的距離

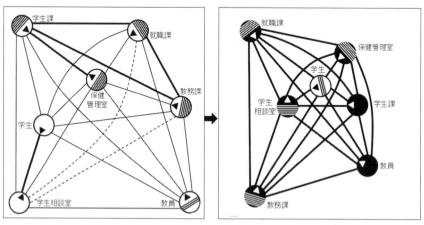

第1施行（第1期）　　→　　第2施行（第3期）
図3-2　筆者が作成したFIT（徳田, 2012）

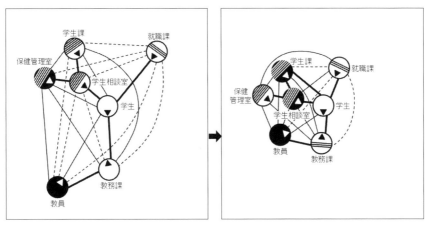

第 1 施行（第 1 期）　　→　　第 2 施行（第 3 期）

図 3-3　学生課長が作成した FIT（徳田，2012）

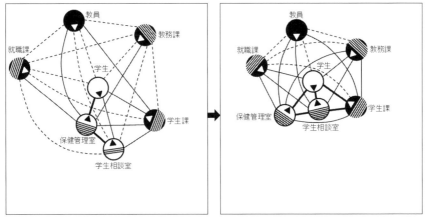

第 1 施行（第 1 期）　　→　　第 2 施行（第 3 期）

図 3-4　保健師が作成した FIT（徳田，2012）

第**4**章

産業・労働分野の事例

1. はじめに

　教育分野の学生相談やスクールカウンセリングと同様に，産業・労働分野の
支援もシステムの視点を重視する支援です。しかし，産業・労働分野は，就労
経験がなければ，働くこと自体の想像もしにくく，さらに企業組織など営利団
体はそれぞれにさまざまなコミュニティの特徴をもつので，具体的な心理支援
も想像しにくいのではないでしょうか。教育現場の支援との大きな違いは，労
働者と所属の組織との間には，雇用契約が存在するということが挙げられます。
その特徴からも産業・労働分野における支援は難しいと捉えられがちです。

　そこで，本章ではまず，第 2 章で述べた教育分野における「協働のコツ」を，
産業・労働分野の現場にあてはめて説明をします。産業・労働分野における多
職種協働においても，個人の支援はもちろん，組織への支援も不可欠であるこ
との理解が進むでしょう。そして本章の後半では，企業組織の職場復帰支援の
事例を挙げ，システムにおける支援を具体的に想像していただきながら，現場
で役立つ多職種協働の考え方と技術について理解を深めたいと思います。これ
までの臨床心理学で積み上げてきたコミュニティ・アプローチやシステムズ・
アプローチの理論や技法に触れ，協働関係を構築する介入技術としてどのよう
に活かしていけるのか，考えていきましょう。

2.　産業・労働分野における協働のコツ

〔1〕基本的な姿勢
（1）面接室にとどまらない

　ある民間企業の例で考えてみましょう。その企業には，産業保健スタッフである産業医と保健師が所属する産業保健部門があり，従業員の健康管理活動を行っています。そして，外部 EAP（Employee Assistance Program：従業員支援プログラム）機関から専属担当の公認心理師が週に 1 日訪問をし，従業員の心理支援を行っています。産業保健部門には相談室が設置されており，公認心理師はそこで相談できるシステムになっています。

　ある日，仕事のストレスで休みがちの従業員が上司に勧められて心理相談に来ました。公認心理師は，まず，相談に至った経緯，現在の心身の不調や，悩み，ストレスの原因になっていることなど，本人の話を聴きます。そして，症状や状況を把握，理解し，今後の心理支援計画を立てるでしょう。その際留意すべき点は，不調の原因が仕事のストレスであること，現在休みがちであること，相談室には上司である管理監督者に勧められてきたことです。さて，組織の中でより効果的な支援を目指すにはどうしたらよいでしょうか。

　このようなときは，相談室にこもることなく，相談室の外でのコミュニケーションを増やしてほしいと思います。「上司の勧め」で本人は相談に来られたのですから，本人の同意を得たうえで，職場の管理監督者の協力を仰ぐと，本人が職場でどのような様子であったかなど，職場からの重要な情報を得ることができるでしょう。必ず管理監督者は勤怠（出社，退社，休暇や休息などの勤務状況）を把握しています。もし不調気味であった場合は，管理監督者もさることながら，周囲の人が変調に気づいている場合もあります。さらに人事部（労務管理を行う部門）は勤怠全般を全社的に管理しますので，職場の管理監督者・人事部の担当者が上手に連携することで得られる情報も多くなるかもしれません。それらの情報が共有できると，面接場面で本人が語る内容に，客観的な情報が加わることで，より本人が多面的にみえてくることがあります。

　また，産業医や保健師など産業保健スタッフが管理している健康診断やスト

産業・労働分野の現場のいろいろ

　産業・労働分野の支援の現場はさまざまです。働くことに関わる援助は多岐にわたり，民間企業や公的機関で働く労働者を，その会社の中で支援をすることもあれば，会社の外の専門機関で支援をすることもあります。前者の会社の中で援助する場合は，その組織の産業保健スタッフとして常勤の場合もあれば，EAP（Employee Assistance Program：従業員支援システム）から担当企業に定期的に訪問する場合もあります。また，後者の会社の外での支援として，EAP の開設したカウンセリングルームでの相談や，職場復帰支援を行うリワーク施設の相談，ハローワーク等の再就職支援などが挙げられます。

　EAP とは，アメリカから導入された従業員を支援するシステムのことをいい，外部 EAP 機関とは，企業のメンタルヘルスなどを専門的に担う外部の専門機関のことを指します。企業の中でメンタルヘルス活動を担う人事部や総務部などは，心理学の専門家の集まりではありません。そのため，専門的な知識を専門業者に委託することで，企業内の従業員を支援するシステムをつくるのです。外部 EAP 機関には，組織のメンタルヘルスの専門知識が豊富な公認心理師などのスタッフが所属し，契約企業へのサービスを実施しています。そのサービスの種類はさまざまであり，外部 EAP 機関がカウンセリングルームやリワーク施設を運営し，契約企業から離れた場所で支援をする方法，または，担当公認心理師として契約企業に定期訪問をし，企業内の支援スタッフの一員として支援をする方法などがあります。特に後者の支援スタイルは，企業組織内に外部の専門家で EAP を構成するという意味合いを含めて，内部 EAP という呼び方をすることがあります。さらに最近は，組織体制の構築支援など，メンタルヘルス活動を担う企業組織のスタッフ（経営者や人事部）を支える CAP（Company, Corporate Assistance Program）のサービスもみられるようになりました。

レスチェックなどの健康情報を確認してみましょう。支援関係者同士でコミュニケーションをとるなかで，支援に役立つ情報を得られることは多くあります。そのためにも定期的に話し合いをし，多方面から本人の情報を把握することが

重要です。

　つまり，面接室の中の活動だけでなく，本人に関わる人たちへ積極的にコミュニケーションを図るところに協働の手がかりがあるのです。しかし，相談室の外での活動は，誰もがすぐに迷いもなく動けるものではありません。まず誰に相談するのがよいのか，相談するタイミングはいつがよいのかなど，どのように動くとよいのかを判断しなくてはいけません。その一歩を踏み出せるためには，普段からとっている組織内でのコミュニケーションが助けになることがほとんどです。産業保健スタッフの他の支援者は普段どのような支援をしているのか，人事部はどんなメンバーで構成されているのか，職場はどのような組織風土なのかなど，相談室の中だけで過ごしていてはわからない情報がたくさんあります。ぜひ普段から組織を見回して，いろいろな人と雑談をしてみましょう。コミュニケーションをとっていれば，自然と情報も入ります。相談室にいただけではわからなかった情報が，相談室から一歩出ることによって，カウンセリングで聴く話をより多面的に深く理解することにつながるでしょう。

（2）自ら動く

　産業・労働分野の公認心理師にとって「自ら動く」ことを常に念頭に置いておく必要があります。産業医や保健師，人事や職場上司などと連携をとることは多くありますが，自ら働きかけることが重要です。先に述べたように，相談室の外で働きかける動きも自らの動きです。また，組織の中で「何かできることはないか」と積極的，意欲的に動くことは，他の支援者へのよい刺激になることもあり，よりよい心理支援につながるでしょう。

　普段，健康な状態で，悩みも深刻でなければ，社内の心理相談に自ら出向くことはなかなかありません。しかし，いざ相談したいと思ったときに，正確な情報がないと従業員は相談室がどこにあるのかさえも知らないものです。つらい状態であったとしても，相談するのをあきらめてしまう人もいるかもしれません。あるいは，相談をすることすら発想できない従業員もいるでしょう。このような従業員を減らすために公認心理師はどのように自ら動けばよいでしょうか。これは，どこでいつ相談ができるのか，また具体的にどんな内容を相談してよいのかについて，従業員が知っていればよいわけです。つまり，相談に

公認心理師として知っておくべきこと：産業・労働分野では
──ストレスチェック，4つのケア，5つのステップ

　公認心理師が働く主要5分野のひとつである産業・労働分野は，被支援者（＝労働者）が所属する組織との雇用契約があるということが，教育分野とは大きな違いといえるでしょう。雇用契約が存在するため，労働者はさまざまな労働関係法規に守られています。そのため産業・労働分野の公認心理師はそれらの理解を求められます。労働組合法・労働基準法・労働関係調整法の「労働三法」の理解も必須であり，安全衛生に関する改正が時折行われる労働安全衛生法なども，最新情報の確認が必要です。産業・労働分野の最新情報に関しては，厚生労働省が作成している働く人のポータルサイトである「こころの耳」（https://kokoro.mhlw.go.jp/）などで入手することをお勧めします。例えば，近年の大きなトピックスとして，2015年に，50人以上の事業場に義務化されたストレスチェック制度（厚生労働省，2015a）があげられます。公認心理師はその実施者として認められたのです。ストレスチェックは，メンタル面の健康診断のようなもので，ストレスチェックを実施することで，職場改善などの1次予防につなげることが大きな目的とされています。

　産業・労働分野でのメンタルヘルス活動は，予防活動が主ですが，その活動で助けになるのは，「労働者の心の健康の保持増進のための指針 改訂（メンタルヘルス指針 改訂）」（厚生労働省，2015b）の4つのケアと「心の健康問題により休業した労働者の職場復帰支援の手引き（改訂）」（厚生労働省，2009）の5つのステップです。メンタルヘルス活動は，セルフケア，ラインによるケア，事業場内産業保健スタッフ等によるケア，事業場外産業保健スタッフ等によるケアの4つのケアを主に考えていくこと，職場復帰支援は，休業中から職場復帰後まで5つのステップで支援関係者が協力して支援することを示してくれています。これらの指針や手引きは，支援者にとって大きな支えであり，支援関係者が困ったときに立ち戻ることのできるよりどころとなります。

　例えば，第4章の職場復帰支援の事例は，メンタルヘルスの予防活動の中で，3次予防のリハビリテーションの取り組みになります。そして，事業場外産業保健スタッフによるケアを利用しながら，ラインによるケアを実施している事例といえるでしょう。

関する詳細をあらかじめ周知しておく必要があります。例えば，職場のストレスに関すること，キャリア形成のこと，職場の人間関係やハラスメントの問題，メンタルの病気による休職・復職のことなどの，相談内容の例を提示しておくことで，相談のハードルも下がるかもしれません。こういった内容は，社内研修や社内報などで積極的に周知したり，職場に相談窓口のポスターを掲示したりするなど，うまく情報を提供することも重要でしょう。これらを組織の活動として積極的に自ら働きかけるとよいでしょう。もちろん，人事担当者や，産業保健スタッフの方々と，組織の中でふさわしい具体的な動きを一緒に話し合い，自ら行動に移していくことが重要です。

〔2〕相手を知る

（1）個人を知る

　カウンセリングを行うとき，そのクライエントのさまざまな情報をキャッチし，本人の理解，アセスメントにつなげます。これは産業・労働分野での支援もまったく同じです。組織を扱う現場であっても，個人臨床の技術は土台となります。クライエントは今，何に困っているのか，どのような経緯があって相談に来たのか，どのようなパーソナリティの特徴をもち，強みや弱みはどんなところにあるのかなど，クライエントについて理解を深めようと努力しましょう。労働者としてのクライエントの悩みは，多岐にわたります。仕事や職場に関する内容もあれば，プライベートの悩みもあります。職場の上司からのハラスメントで問題が生じていたり，仕事内容をめぐって職場で混乱が起こったりしている可能性もあるでしょう。また，子育てや介護の両立の問題を抱えていたり，将来に向けたキャリアに悩んでいたりすることも想定されます。クライエントの抱える課題がどのようなものか，それに対してどのような心理支援ができるのかを一緒に考えていくことになります。

　そして，このような個人を知っていく作業は，クライエントだけではなく，支援に関わるすべての支援者（協働相手）にも行っていきましょう。産業・労働分野においては，支援に関わる専門家がたくさんいます。産業医，保健師，看護師，精神保健福祉士，公認心理師など，組織内に配置されている産業保健スタッフは，個人の医療情報を共に共有し，支援を行います。ハラスメントの

事例や組織内の規定を構築する際は，弁護士や社会保険労務士などの人事労務の専門家と協働することもあります。そして，組織の運営や労務管理を担っている人事部は，産業・労働分野の現場における重要な支援関係者になります。このように，複数の異なる協働相手について，それぞれの専門性や仕事内容を理解することは，多職種協働の第一歩になるでしょう。

（2）組織を知る

　産業・労働分野の現場においては，個人だけでなく，「組織全体」に目を向けていくことを忘れてはいけません。従業員の休職・復職について，上司や人事とともに支援する場合を考えてみましょう。休職者本人の理解をするのと同時に，職場の上司はどんな人物像か，支援の協力を得られそうか，上司と部下の間はどのような関係かなどを知ろうと努力します。上司自身にメンタルの病気の知識や理解があるのか，部下に対してどのような声かけ，やりとりをしているのか，本人の仕事に関してどのように把握しているのかどうかなど，協働相手から得られる情報はさまざまです。また人事担当者に対して，人事面で担うべき休職・復職のルールを把握し，上司と本人に対して丁寧に説明をしているのかどうかも，相手を知る一つの作業でしょう。これらの情報により，協働相手にどの程度支援を分担できるのか，公認心理師として，上司や人事に対してフォローをする必要があるのか，より適切な動きを想像できるようになります。例えば，職場復帰支援は，個人や職場を取り巻く環境に目を向けていくのと同時に，組織全体にも目を向けることも大切です。会社組織にはどのような就業規則（休職・復職・退職に関する規定，給与規定など）があり，休職・復職に関する支援ルールををどのように定めているかを把握しておく必要があるのです。

　また，組織には，そこに属する人たちの行動や活動によってつくられてきたルールがあり，職場の文化や価値観も様々です。これらの理解なしには，その組織に所属する従業員の文化を知ることはできません。これまでの組織に関わってきた人たちの考えや思いも含まれるため，それらの経緯を知ることも，組織風土の特徴を理解し把握することに役立ちます。例えば，既存の支援システムがあるのにもかかわらず，新しいものを取り入れ変化を強いられると，必ず

組織内に抵抗が生じます。だからこそ，これまでの支援スタイルやルール，関わってきた関係者の考え方などを尊重することが大切なのです。つまり，組織内で新たな取り組みを実施するときは，急激な組織変容は避け，これまでつくり上げられた組織体制を活かすこと，そのうえで，新たな側面を付加していきながら少しずつ変化することのほうが，受け入れられやすいといえます。

　さらに，組織の特徴を理解するうえで参考になる情報は，運営方針や理念です。組織とは，複数の個人が集まって集団となり，人間関係が力となって集団として発展，機能したものです。その集団を機能的に維持させるには，リーダーシップが不可欠になります。つまり，組織の方針や理念は，そのリーダーシップに直結したもので，集団の特性，集団構成員の組織行動をつくり上げるものと考えたらよいでしょう。

　このように，組織全体の特徴は，いろいろな側面で捉えることができます。組織の特色，組織が積み上げてきた資源，組織が抱える課題，組織運営方針，支援に対する組織の考え方など，さまざまな内容が含まれます。そのためすべてを即座に把握することは難しいかもしれません。しかし，人の抱える困難や要望に耳を傾けていくことは，公認心理師の得意分野です。積極的に耳を傾けていくことを通して，おのずと一つひとつ組織の特徴を把握していけるでしょう。だからこそ，個人の支援者として組織の特徴を捉える視点を忘れずにいることが大切です。少し慣れて組織全体の視点が捉えられるようになると，「組織の特徴を知る」ことは「組織のもつ力」を知っていくことなのだ，とわかるようになるでしょう。

（3）ニーズを探る

　協働する相手が何に困り，公認心理師に何を求めているのか，何を期待しているのかなど，相手のニーズを知ることが，協働の第一歩です。職場の上司が何に困っているのか，人事担当が何に困っているのか，公認心理師に何を期待するのか，それらのニーズをしっかり把握しておく必要があります。

　また，組織のメンタルヘルスに関して，組織内の体制が整えられていない場合，支援体制，ルール構築などの整備に公認心理師も関わることもあります。特に外部EAPの専門機関に所属する公認心理師には，そのようなサービスを

求める企業も多いです。組織体制の整備に関わる場合は，経営者あるいは経営・人事の責任のある権限者の意向や考え方を確認することが大切になります。例えば，メンタルヘルス活動に確保しているマンパワーと予算（人的資源に対するケアへのプライオリティの程度）は，経営方針が反映されています。従業員の働き方改革やストレスチェック，過重労働面談など，組織はどのように実施をしてきたか，あるいは何も実施していない場合は今後どのように実施していくのかも確認しましょう。このような労働衛生に関する健康管理体制は，経営理念や方針から大きく影響を受けるものなのです。

　例えば，メンタルヘルスに関する活動に関して，従業員に対する福利厚生衛生委員会やハラスメント委員会，復職判定委員会などが設定されているか，さらにメンタルヘルスに関する管理監督者へのライン教育や従業員の相談窓口の設置が行われているかなど，経営幹部のメンタルヘルス活動への意欲は，組織づくりに影響を及ぼしています。もし，それらの活動に対して経営者や人事部の賛同を得ることができたら，新たな支援体制の構築もしやすくなります。つまり，経営幹部の考え方を理解することは，組織が向かおうとしている目標を理解することでもあり，その組織にいる人たちの行動や人間関係，集団特有の風土，ストレスなどを理解することにもつながります。公認心理師はまさに集団に所属する人を支援対象にするため，これらの理解が前提となります。

〔3〕 私を伝える

（1）人となりを伝える

　想像してみてください。あなたは，ある企業に定期的に訪問をする公認心理師です。企業の人からみると，同僚ではなく外からきた専門家です。常勤ではない場合は特に，気に留めておいてほしいことがあります。人事部や産業保健スタッフなど企業内の支援関係者たちと昼食をとる，休憩時間などにお茶を飲みながら雑談するなどの時間を積極的にとりましょう。それらの時間は，人となりや，支援者としての人柄を理解する絶好のチャンスになります。同じ支援者同士理解が深まると，互いに何を感じたり考えたりするのかを想像できるようになります。コミュニケーションを図ることで，しだいに組織の中での自分の居場所が確保できるようになると思います。

　そして，自らの人となりについて知ってもらうと，多職種で仕事がしやすくなります。支援関係者として何を大切にしながら支援を行っているのか，公認心理師としての人となりを知ってもらえるだけで，信頼関係が築きやすくなります。「この人と一緒に仕事をしたい」「心から信頼できる，信頼して任せられる」などと相手に思ってもらえると，支援も安心してスムーズに進めることができるでしょう。ラポールの形成には，まずは自分という人となり，専門家としての人となりを伝えていくことも大切です。

（2）専門性を伝える

　産業・労働分野における心理専門職の認知度は，教育現場よりも低いと思っておいてよいと思います。公認心理師は心理の専門家として何ができる人なのか，何を強みとして支援している人なのだろうか，自分たちと一緒に何をしてもらえるのだろうか。おそらく支援に関わる多職種の方々はそう思うでしょう。

　公認心理師はただ単に従業員の心理相談ができるだけではありません。組織のメンタルヘルス活動に関しての知識をもち，それに基づいた実践が可能なはずです。ストレスチェックを通して組織分析を実施し職場改善につなげる一次予防から，二次予防の心理専門相談，三次予防の職場復帰支援などに関してもすべて組織へのアドバイスが可能なはずです。自分は公認心理師としてこんな側面から貢献できますなどと伝えてもよいでしょう。職場復帰支援であれば，産業医や保健師，人事などと協働して支援体制を構築していくことも大きな仕事です。また，休職者が復職をするまでのプロセスで定期的な心理相談を受けていた場合，その休職者本人の話をじっくり聴き，組織で労働するうえでの得意・不得意な面をアセスメントすることができます。復帰後にどのような仕事を担当するとストレスなく生産性を上げることができるのか，また職場はどのような接し方をするとよいかなど，アドバイスが可能です。これらは人事部や職場の管理監督者にとって，休職者の復職を判定する際に非常に役立つ情報です。組織のために，労働者のために，公認心理師がどのような貢献ができるのかを伝えていかないと，協働関係者は意外とわかっていないものなのです。公認心理師が専門的な支援をしてくれて助かった，と思われるように，専門性を発揮する場をしっかり確保していくことも大切でしょう。

〔4〕相手と私で共有する

(1) 相手の立場に思いを馳せる

　協働相手の立場をしっかり理解したうえで，多職種協働ができるようになるのが，一歩進んだ支援関係といえるでしょう。産業・労働分野の例を考えると，人事の立場，職場の上司の立場，経営の立場，産業医の立場，といったように，組織のことを考え，立たされた立場や役割から発言しなくてはならないことや，実践実行しなくてはならないことがあります。もちろん，立場を強調するがために，軋轢が起こることも生じるでしょう。互いの役割を理解したうえで協働支援ができると，お互いの信頼関係はさらに強くなります。

(2) 支援の方向性を共有する

　多職種で支援に関わる人でも，役割や立場によって行動する内容や，支援に対する視点が異なります。そのため，ともに支援を行うために，支援に関することの共有を丁寧に行っていく必要があります。

　職場復帰支援において，公認心理師が休職中から復職に向けて定期的に心理面接を行っている状況を想像してみてください。その心理面接の中で，本人が不調を訴える原因の一つに，営業の仕事の内容を挙げました。自分はコミュニケーションに自信がなく，対外的なやりとりや調整において非常にストレスを抱えるタイプだといいます。そのため営業の仕事に戻ることで，また病気が再発しないかと不安だと語られました。そんなときにあなたは公認心理師としてどう支援しますか？　本人が語っていた話に寄り添い，その不安な気持ちをしっかり受け取ることももちろん必要です。そしてさらに，本人の復帰時の不安を最小限にするために，復帰時の要望を支援関係者で共有することも必要です。

　この事例では，心理面接を重ねていくなかで，復職するのであれば，内勤で事務的にコツコツとこなしていく定型的な仕事のほうが向いていると本人が気づいていきました。そこで公認心理師は本人に，「希望が通るかどうかはわからないけれど，人事部や職場上司に，その気持ちを共有してみませんか」と提案し，人事部と本人と公認心理師が同席する面接を設けました。同席面接のおかげで，本人は，病気再発に対する不安を抱えながらも復職後新たな気持ちで仕事にチャレンジしたい気持ちがあること，復職後の職務内容の希望とその理

由を伝えることができたのです。そしてその同席面接のあと，産業医，人事部，職場上司など関係者が集まり，本人の復職プログラムの方向性を話し合う時間が設けられ，復職後の仕事について検討することになったのです。本人にとって，会社にとって，どのような職場復帰支援をしていくのがよいのか，支援の方向性を共有する時間です。本人が復職を控え，どのようなことで不安をもち，今後のことを考えているのか，その共通認識を支援者がもつことができれば，今後の支援の方向性を協働で決定することが可能になるでしょう。

3. 事例

〔1〕 はじめに

　コミュニティシステムにおける支援は，当事者の個人とその個人の環境の両者への支援を統合的に実践していく必要があります。個人に関わる組織を理解するためには，家族（システムズ・アプローチ），集団（グループ・アプローチ），地域援助（コミュニティ・アプローチ）の視点が不可欠です。そして，それらの視点を踏まえながら個人と支援関係者との対話を実践していくことで個人が支えられ，個人と組織の間に新たな関係性とナラティブ（物語）が生まれていきます。このプロセスが生じると，よい協働の支援が育っているといえるでしょう。次の事例を通して協働支援のプロセスの理解につなげてください。

〔2〕 事例のポイント

　これから紹介する事例は，企業組織内の管理監督者や人事労務担当者らと外部 EAP 機関の公認心理師との協働体制で職場復帰を支援した一実践です（隅谷，2015 を引用，一部加筆）。この事例の支援過程では，家族合同面接（Co-Therapy：コ・セラピー）の技法を活用し，本人，職場の上司，人事部担当，公認心理師で同席の面接を取り入れました。それによって多職種間の協働が促進されたことを述べています。

　事例での支援対象者は，職場において上司からのパワーハラスメントがきっかけでうつ病を患い休職した従業員です。その従業員が復職に至るまで，支援関係者である組織内のラインら（管理監督者や人事労務担当者ら）と公認心理

師とのチーム体制で支援にあたり，上司と部下の間の人間関係の改善や職場環境の調整を試みました。支援は本人との個人面接をベースに進められ，それと並行して，本人を含む支援関係者全員での同席面接を取り入れたことが，この事例の大きな特徴です。同席面接をきっかけに，集団の力動が生まれ，支援者間へも影響が起こります。本人と関係者全員が同席することで，それぞれの立場の認識や理解を共有する時間を設けることが，コミュニティ・アプローチにおいて非常に重要であることがわかるでしょう。まずは，従業員の所属するコミュニティ（企業 X）と支援対象者（休職者本人 A）の概要をみていきましょう。

〔3〕 事例の概要と経緯

（1）企業 X 社について

　製造業の X 社は従業員数約 500 名の中規模事業所であり，地方に複数の営業所と研究所があります。産業医や産業保健スタッフは親会社に所属し，子会社では実質上産業医の活用が難しい状況のため，X 社は外部 EAP 機関に専門支援を求めました。X 社との契約の主な支援内容は，専属カウンセラーによる休職・復職者の個人面接と人事部や管理監督者への相談業務です。休職・復職対応に関わる社内の支援関係者は，人事部と職場の管理監督者であり，そこに主治医と公認心理師が加わり協働で支援を行いました。X 社人事部は，休職・復職の事例で結果退職を余儀なくさせてしまった経験（隅谷，2009，2011）より，休職・復職者対応には早期に対応すること，以前より積極的に公認心理師と支援姿勢をもつようになっていました。

（2）休職者（以下，A）について

　A は 20 代後半の独身の男性。大学院で博士号を取得後上京し，X 社研究所の新規企画部門の研究職に就きました。A のまじめな姿勢と研究開発能力を評価され優秀な人材と期待されていましたが，しだいに A は複数の上司から強い指示と異なる指示を受けるようになりました。入社 3 年目に A は体調不良を訴えうつ病と診断されました。

表 4-1　個人面接と同席面接の実施経緯における参加者の詳細と BDI の変化

面接形態	同席	個人	個人	同席	個人	個人	同席	個人	個人	同席	個人	同席	個人	同席	同席	個人	同席	個人	同席	同席	個人	個人
個 NO.		#1			#2	#3		#4	#5		#6		#7			#8		#9			#10	1年フォロー
組織 NO.	*1		*2	*3			*4			*5		*6		*7	*8		*9		*10	*11		
Co.	○	○	○	○	○	○	○	○	○	○	○	○	○	○	○	○	○	○	○	○	○	○
本人 A		○			○	○		○	○	○	○		○			○	○	○			○	○
人事部長	○			○			○			○		○		○	○		○		○	○		
人事担当	○			○			○			○		○		○	○		○		○	○		
職場所長	○		○	○													○		○	○		
新上司																				○		
BDI		32						26			13							14				

*5, *9：協働を促した同席面接

（3）相談の経緯

A の所属する事業所の職場所長が A の体調不調を人事部に報告し，人事部が公認心理師へ支援要請したことから始まりました。

以下，本文中の〈 〉は公認心理師（以下，Co.）の発言，Co. 以外の発言は「 」内に表記しています。また，＊は支援関係者との関わり回数，〔 〕内はその参加者，＃は休職者個人への支援回数，その他出来事等は※に示しました。また各回の支援について，個への支援を (個)，組織への支援を (組織) とし，面接の形態として，個人面接の場合は [個人]，同席面接の場合は [同席] と表記しました。さらに支援過程では日本版 BDI- II（ベック，A. T. ら，2003）（BDI：Beck Depression Inventory; ベックうつ病調査表）を 4 回実施しました（表4-1）。

（4）支援過程

(組織) [同席] 《＊1》X 年 4 月上旬：人事部と職場所長の同席面接

Co. は人事部と一緒に A の職場所長の話を聞きました。一昨日，A が「仕事が厳しい」と突然に訴えてうつ病の診断書を持参したことを勢い込んで語りはじめました。A はしばらく対応困難な顧客相手に仕事をしており，過酷な職場環境の中，直属の上司は高圧的な態度もあったといいます。「確かにストレスの多い状況だった」と説明しつつも，職場所長の訴えは，「早く戻っても

らわないと困る。受診したクリニックは評判が悪いと聞いたので転院したほうがいいんじゃないか？」と Co. に意見を求め、「服薬をやめるように言う」と強引に話しました。Co. は、職場と休職者の間に何か大きな事情があるのではないかと思いをめぐらせて人事部に確認したところ、職場の詳細な把握はなく、職場所長の発言からも人事部として急務の事態を予測していたようでした。人事部としても職場の状況を把握したいということになりました。また、人事部長より、A は稀に見る逸材の入社であり経営幹部が期待をしていたことが話されました。そのため Co. には少しでも本人の支えになってもらいたいこと、人事部としても支援に協力したいことが伝えられました。

個 個人 【♯1】X 年 4 月中旬：A の個人面接

　A の会社に対する抵抗感が出てしまっていたために、面接は X 社ではなく EAP 機関の面接室で行いました。初対面で A は生真面目に挨拶をしましたが、Co. には緊張と話しづらそうな雰囲気が伝わってきました。そこで、Co. は休職中の個人面接について丁寧に説明し、情報共有の方法について同意を得るなど、A が安心して話せる場になるよう心掛けました。A は「入社前は今よりもうつっぽかったと思うんですけれど……」と言い、「ちゃんとした就職の判断ができなかった」と X 社への入社の後悔を交えながら語りました。A が進路に迷っていた修士 1 年の終盤に、教授から推薦をしてもらって X 社を企業訪問したところ、その日のうちに強引に最終面接まで実施されてしまいました。A が断れない状況をつくられるほどの X 社の強引なやり方に戸惑いを感じ、推薦の辞退を考えましたが、教授の手前 A は内定を破棄することができませんでした。意を決して教授に相談し、結局 X 社の奨学金を受給しながら博士号取得後に就職をするという条件を教授から提示され進学することになったのです。そしてその三年後、約束通り学位を取得して入社しましたが、入社後の過剰な期待があり、社会人一年目にもかかわらず新人として教育してもらえない状況に A は戸惑います。そして不調に至った今の状態を、「この半年間、顧客の注文が殺到し、失敗できない状況で、ちょうど先週にやりきりました。上司から指示が来るたびにどきっとする、おびえてしまう。もう逃げたい」と表現しました。ひどい落ち込みが続いたため、自らクリニックを探して受診した

ところ，うつ病と診断されました。

　A は「職場の抱える問題」を話しはじめ，職場所長やその他上司らの高圧的で否定的な言動を訴えました。業務上では直属の上司間の意見が水面下で衝突し，A は両者の不満を聞いてそれぞれの違うやり方に従い，板ばさみの状態で業務をこなしてきました。入社時，複数の上司から「いつ辞めてもいいから，会社に結果だけを残せ」と言われた衝撃を忘れられず，意見が尊重されない職場風土に疑問をもち続けていました。「みんなが疲弊し麻痺している。これが社会かな」との言葉に A の消耗した様子が象徴されていました。Co. はこれまで A が独りで抱えてきた状況を案じながら，まずは仕事のことを考えず心身ともに疲れをとってほしいことを伝えました。そして，職場所長による転院の意向について触れると，A はしばらく考え，様子をみて自分で判断したいと述べました。時折垣間見せる A の意思に Co. は信頼感を覚えました。

組織 個人 《＊2》X 年 4 月中旬：職場所長への心理教育

　Co. は職場所長から A の通うクリニックの悪評について相談を受けます。「A に病院をかえるように言います」という職場所長の一方的に決めつける言動に Co. は戸惑い，〈病院選択は個人の意思が重要。A のほうから職場に連絡ができるまで待ってあげてほしい。今はゆっくり休むことが大切だと思う〉と職場所長に伝えました。

組織 同席 《＊3》X 年 4 月中旬：同席面接〔参加者：人事部長・人事担当・職場所長・Co.〕

　Co. は A の面接報告を行い，A が同意した内容を共有しました。入社時からプレッシャーを感じながら頑張っていたこと，指示系統の異なる上司の指示と否定的な言動に消耗してしまったように思うことを伝えました。Co. は職場所長の不服そうな反応を気にしながら，多忙な職場では起こりやすい悪循環であることも説明しました。職場所長は，状況は想像できるが皆が過酷な状況で耐えていることを主張し，A の転院を強く要望しました。職場所長の切迫感が伝わるなか，人事部が「今は何も言わずゆっくり休ませよう」と Co. の意見を後押ししてくれたことで一段落しましたが，今後の職場調整が一筋縄ではいかないのではないかとの不安が Co. の頭をよぎりました。

⦿個⦿個人 【♯2】X年4月下旬：Aの個人面接

　Aは深刻な面持ちでした。直属上司から来期の目標設定の書類を提出するようせっつくように連絡があり，とっさに電話に出たものの言葉が出ず電話を切ったとのことでした。Aはその上司にメールで弁明の返事はしたものの「今上司と話すのは無理だ」ということを思い知り，入社後研究所に配属された初日のことを思い出したといいます。入社当日に業務の指示を仰いでもとり合ってもらえずようやく午後に上司との時間が設けられたこと，新入社員ではなくあたかもベテランのように扱われたこと，十分な教育を得られず自社商品も十分に理解のないまま業務を担当したことが語られました。Aにとってそれらの経験は，職場のコミュニケーションの希薄さや個性の強い研究職集団の居心地の悪さとして記憶されていました。

　また，今回上司から転院を強く要望されているのも不安をかき立てられるようでした。Co.は，職場所長の意向に迎合して決断するのではなく主体的に選択することの大切さを伝えました。Co.からは，とにかく今はAが気兼ねなく休息できるように連絡は人事部に一本化することを提案しました。するとAの表情がいくらか和らぎました。そして，Aが復職を希望するときには職場調整が不可欠であろうことと，その際には人事部の助けを借りたいことを伝えました。

⦿個⦿個人 【♯3】X年5月上旬：Aの個人面接

　結局Aは職場所長の要請を受け入れる形で転院をしましたが，新しい主治医は好印象で安心したと語りました。この時点では，食欲，睡眠は比較的改善されていました。しかし，時折どん底に突き落とされるように「復帰ができるのか」「将来はどうなるのか」「長期に休んで職場で何を言われているのか」「職場の人と怖くて会えない」と不安になるようでした。Aは職場への申し訳なさと罪悪感，今の自分の受入れ難さにさいなまれる一方で，誰にも言えないが職場への疑問や怒りがあると告白します。

　ひとしきり話した後，浮気が原因で家を追い出され半年前から自宅に居候している兄がいることを打ち明けました。Aは「ゴタゴタに巻き込まれている」と思いつつも兄に不満を告げずにいました。しかも，休職していることを知ら

れないよう毎朝身支度をして出かけていました。言えない理由を問うと，自分には昔から争い事や関係性を壊すことを恐れて問題に触れない傾向があり，そのために損をしてきたこと，我慢して我慢して爆発するパターンがあることを語りました。

Co. はアサーションの非主張的な表現スタイルについて話題にし〈もしかしたら復帰するときもそのスタイルでつらい思いをするかもしれない。それをどうしていったらよいか考えていく必要があると思った〉と伝えました。するとA はこれまでの自分について振り返りたいと言いました。Co. はライフイベントと気分の軌跡を記述するライフラインチャートの記入を提案し，次回に検討することになりました。最後に〈復帰時，復職後などの職場調整は人事部に一緒に協力してもらえたらと思う〉と念を押すと，A は頷きながら「これがきっかけで職場が変わればいいのに」と漏らすように言いました。

⬮組織⬮同席⬮《＊4》X 年 5 月下旬：同席面接〔参加者：人事部長・人事担当・Co.〕

　人事部が A の職場について情報収集をしたことで，Co. にも共有したいと連絡がありました。「管理職の高圧的な態度と殺伐とした職場環境を想像した」「今後人事部として職場改善に努力していかなくてはならない」と人事部長が語りました。A の職場は X 社の将来を探る新規事業部門にあり，その中で A は新規商品を開発するアイデアを買われていたようです。休職前の A は X 社に対して億単位の売り上げに貢献した事実も明らかになりました。Co. は，職場の A への強い期待，嫉妬などを強く感じました。Co. は，職場上司から A への連絡はしばらく控えたほうがよいと思うこと，主治医からの意見を踏まえて，A の復帰には職場調整が必須であり，人事部の協力をお願いしたいことを伝えました。また，A の内定時や入社時のエピソードについて人事部長は「そんなことがあったんですか……」と言葉を詰まらせ，「落ち着いたら A の思いの丈を聞く場を設けたい」との意向を示されました。

⬮個⬮個人⬮【＃4】X 年 5 月下旬：A の個人面接 BDI：26

　A は人事部と Co. との話し合いの内容が気になっていると打ち明けてきまし

た。Co. は人事部との共有内容を再度伝え，人事部は A を非常に評価していた
ことと，職場の状況を教えてくれたことに感謝をしていたことを伝えたところ，
A は安堵の表情を見せました。〈どんなところが心配だった？〉と聞くと「人
事部がどんなことを言っていたかなと……」と言いかけましたが，すぐに「大
丈夫，安心しました」と発言を撤回しました。「また不安になったら教えてほ
しい。人事部はこれまでの A の率直な思いの丈を聞いてくれそう。上司に気
兼ねせず話してもいいと思う」と伝えると，A は前向きに捉え「次回の面接
まで考えます」と慎重に答えました。

　また，A は前回提案したライフラインチャートを持参していて，これまで
の気分の上下を丁寧に色別にして曲線を描いていました。特に気分の低下が目
立っていたのは，小学校高学年での祖母の死，大学受験の第一志望が不合格に
なったときでしたが，さらに極端に落ち込んでいたのは修士 1 年終盤の就職活
動時でした。詳しくきくと，修士入学後しばらくして海外の論文誌に採択が決
まるなど非常に充実した生活を送り，当然将来は学位取得を目指していました
が，秋に父親がリストラにあったため就職して自立をしなければと思うように
なったとのことでした。そのような背景があり，A は就職について何も考え
がまとまっていないまま，教授の推薦を受けてしまったのです。「もし就職す
るのであれば一番いきたい企業があった。希望をすれば自分がその就職先を獲
得できたが水面下で妬まれることが多く，辞退したほうがいいと思ってエント
リーしなかった」と語りました。〈自分の意思は伝えられない状況だった？〉
と確認すると，意思表示のタイミングはことごとく逃がし，教授にも迷惑をか
けて低迷した気分のまま過ぎてしまったことを述べました。

　A は「X 社では自己主張ができない人たちが集まっている」と説明し，皆
が職場の問題に疑問をもちつつも触れずにいること，自分も主張できないこと
を述べました。

個 個人 【# 5】X 年 6 月上旬：A の個人面接

　A はこわばった表情で椅子に座っていました。上司との連絡を絶ち，よう
やく食欲・睡眠の改善がみられ少しずつ気分も安定してきた矢先に，直属の上
司から電話があったとのことでした。それをきっかけに携帯電話の電源を切り，

以来外出ができなくなっていました。また他部署の上司からの労いのメールを受信したことも重なってさらにAは恐怖の念を抱き，「いろいろな上司たちと人事部が共謀しているのではないかと思ってしまった」と話しました。Co. は混乱しているAの気持ちを察しながら〈前回の人事部の話し合いの様子を鑑みても共謀しているとは思えない〉とCo. なりの意見を伝えるともに，次回人事部に会う際に一緒に確認しないかと提案しました。Aも今の状況を打破したい気持ちもあったようで「人事部との面接を最初のステップにしたいと思っている」と言いました。Co. はAの思いに願いを込めて〈私も一緒に考えます〉と伝えました。

　Aは体調不良の経緯，職場の実態と課題，上司らの独善的で支配的な態度による職場への影響など，人事部に伝えたい内容を一つずつ挙げていき，Co. も一緒にメモをしました。徐々にAの混乱は和らぎ，Aは複数の上司からの連絡に対して「やはりメールに何も返信しないのも心配すると思うので，返信したい」と言ったので，返信の言い回しもCo. と一緒に考えました。考えているとき，迷惑をかけていることへの謝罪や回復に向かっている報告，いまだ上司とやりとりが困難な心境であることや，電話やメールの対応が困難であることなどをメモしました。

　Aは，上司からのメールに書いてあった「ベランダで野菜を育てはじめました」という他愛もない文を思い出し，「上司も自分にかける言葉をいろいろ悩んだのかもしれない」とつぶやきました。Co. は〈いろいろな立場の人がそれぞれのやり方でAを心配しているのは確かだと思う〉と伝えると，Aは目を閉じて何度かうなずきました。

（組織）（同席）《＊5》X年6月下旬：同席面接〔参加者：A・人事部長・人事担当・Co.〕

　同席面接実施前には人事部とCo. で打ち合わせをしました。「今日は上司のパワハラのことを話題にしていいですか？」と人事部から確認がありました。〈今日はざっくばらんに話せるといいと思う。Aもそれを望んでいるし，言い分を聞いてあげてください〉とお願いしました。Co. はAにも面接前に一目会って労いの言葉をかけました。Aは血の気が下がっている顔色で唇も渇ききり，一緒に考えた人事部へ伝えることのメモを力強く握りしめ復唱していまし

た。〈大丈夫，困ったら私が助け舟を出すから〉と一緒に深呼吸をしました。

　いよいよ同席面接が始まりました。まず Co. は今日の面接の主旨を伝え，〈今日はざっくばらんに皆で話をできたらと思う〉と口を切りましたが，面接室は緊張感が漂っていました。A は緊張して唇を震わせながら，体調が改善したこと，転院したことなど，しどろもどろにメモを読みました。人事部長が「A 君，体調がよくなってきてよかったなあ」と和やかに言葉を返すも A の蒼白な表情は変わりませんでした。すると人事担当がとっさに「今日は緊張やめ，やめ」と笑いながら手を振り，「よく考えたら，こうやって話すのは初めてだよねー。A 君は誰と同期だっけ？」と気楽に話題を変え雑談が始まりました。Co. も人事部の配慮に乗って〈ここは緊張しなくてもいいみたい〉と A に微笑みました。それらのやりとりが面接室に和みをもたらし，人事部長がやさしく「今日は，職場で大変だったこと，職場には言えないことを話してくれていい，人事部としてできることを考えたい」と伝えました。

　A は握りしめていたメモを置き，五年前の入社の辞退で迷惑をかけたことを謝りたいと言いました。これはメモになかった内容であり Co. は驚きました。人事部長は恐縮しながら「そんなことは気にすることはない。君にどうしてもうちに来てほしかった」と言い，「A 君は同期の中でも中心になって引っ張っていく奴だと評価が高くてね」と人事担当と雑談を挟みながら A に伝えました。A は面接の流れにエンパワーされたのか表情の硬さが和らいできました。Co. は〈大丈夫〉と目でメッセージを送ると A は小さくうなずき，少しずつメモを見ながら話しはじめました。

　入社後の配属先では，A が声をかけても誰も返答がなく戸惑ったこと，初対面の直属の上司から「辞めるなら結果を出してくれ」と言い放たれて期待されているというよりは邪魔だと思われていると感じてしまったことなどが語られました。自社の商品を全体的に知る研修の機会がなく外部から質問をされると心苦しかったこと，仕事は最大限にやれることをやってきたが，上司同士の複雑な関係から指示系統が複数になり消耗するしかなかったことなど，言葉を選びながら語っていきました。

　人事部長は入社時の実態を知り「博士号を取っていたとしても社会人としては 1 年生なのに申し訳なかった。それは人事部が配慮すべきことだった」と謝

り「研究所の人間関係はなんとなく想像がつく」と言いました。ワンマンといわれていた前々社長，合併後の前社長の経営方針の名残が職場にあるかもしれないことが話されました。現幹部はその社長のもとで育った人であり「前社長も罵声や手が上がることは問題視されていたが，前社長なりに激励の意味があったことも事実だった」と告げました。その内容について Co. も人事部に質問すると，A は初めて聞く内容だったようでそのやりとりを真剣に聞いていました。

　皆がひとしきり話した後，Co. より，度重なる上司の連絡が A を苦しめていたことに触れ，〈A の立場では職場の上層部とのやりとりがどのようにされたか心配になると思う。また人事部がどう関与されているかも怖くなってしまったかもしれない〉と A の思いを代弁しました。人事部長は，職場所長と Co. を含めた同席面接以降 A への連絡を職場から人事部に一本化するよう要請したこと，復職直前は職場との連携をする予定であるが今は人事部からは職場に連絡をとっていないことが丁寧に説明されました。A は心配も晴れ「よかった」と言葉を残しました。

　最後に，人事部長は「今まで研究所の詳細を把握していなかった。話を聞けてよかった。A 君の復帰のときには無理のないように最大限配慮したい」と告げ，人事担当から「復職をしても，研究所では上司たちにばったり会うこともあるだろうし，今後完全に関係を断ち切ることはできない。そのあたりはどうしたらいいだろうか？」と，配慮の言葉が添えられました。それに対して A は，理解できると答え「自分も頑張って徐々に慣れていこうと思う」と語りました。そして，全員で A の体調回復後の復職を願い，同席面接を終了しました。

⬭個⬭ 個人 【＃6】X 年 6 月下旬（＊5 と同日）：同席面接直後の A の個人面接 BDI：13

　同席面接後の心境を A に確認すると「言いたかったことは全部言えた」「この時間がもててよかった。人事部長は気をつかってくれていることがわかり，人事担当は現実的に考えてくれて，何かあったらメールしてと言ってくれた」と安堵を込めた言葉で語りました。

⬚組織 ⬚同席 《＊6》X年6月下旬：同席面接〔参加者：人事部長・人事担当・Co.〕

Co. は本社の会議室に呼ばれ，人事部より同席面接実施への感謝が述べられました。「直接話を聞くことが大切だということを痛感した。それぞれの思惑で誤解も生まれる。研究所もそんなことが起こっているのかもしれない」と語りました。Aが他部署に復帰する場合には職場所長に説明する必要性があるが，人事部が責任をもって調整をするため，Co. は引き続きAのサポートをお願いしたいとのことでした。

⬚個 ⬚個人 【＃7】X年7月上旬：Aの個人面接

Aは体調の落ち着きも継続しており，主治医からもそろそろ復職も視野に入れるよう言われていました。Aは自発的に専門資格の取得に向けて勉強を始めました。その資格は自社の商品技術に活かされる資格であり「将来的に会社に貢献できる内容だと思った」と語りました。Co. はAの建設的な姿勢に感心し〈ぜひその勉強が業務に活かされるとよい。復職先の希望を人事部に伝えていきませんか？〉と提案すると，Aは「職場にどう思われるかが心配。異動したいと言ったら上司たちの逆鱗に触れそう」と不安が語られたと同時に「でも休職中の報告を全然していないことも気になる」と言いました。Aの心の揺れをくみ取りながら聞くと「前回人事部の話を聞いて上司たちも余裕がなかったのかもしれないと思った」とのことでした。同席面接はAにとってエンパワーされた体験であったことをCo. は改めてかみしめました。再度〈上司とのことは人事部の計らいに任せよう〉と声をかけ，復職後の希望を伝える場合は改めて同席面談することを提案しました。

⬚組織 ⬚同席 《＊7》X年7月上旬：同席面接〔参加者：人事部長・人事担当・Co.〕

人事部はAの復職先について相談したいとCo. に求めました。面談では人事部が経営層にかけ合いAの異動が可能になるように調整を努力していると告げられました。しかし，職場のAへの期待が強いので，いずれはAからも職場所長に異動希望を伝えたほうがよいのではないかとのことでした。そこでAが職場所長に異動希望を伝える前に，人事部とCo. から職場所長へ事情を説明する機会を設けることになりました。

組織　同席　《＊8》X年7月中旬：同席面接〔参加者：人事部長・人事担当・職場所長・Co.〕

　人事部は職場所長との時間を設けました。職場所長は黙って座っており，Co.は威圧感を感じながらAの状況を報告しました。そして「Aが復職するには，復職先の環境調整が重要になると思う」とCo.の意見を伝えました。沈黙を続ける職場所長にCo.は戸惑いましたが，人事部長が「彼は当社にとって貴重な人材の一人。将来Aが活き活きと働いていくためにも，今復職に関する彼の要望に沿いたい。違う部門に復職したらどうだろうかと思っている」と告げました。人事部長より，Aに対する上司らの複数の指示命令について指摘をし「Aはその犠牲になってしまったが，人事部に対しても職場改善の課題を提起してくれた」と人事部長が自戒の念を込めて語りました。

　しばらくして，職場所長は職場としての言い分を主張し，「自分は異動がよいとは思わないが，彼にとって一番よいことがあればそれが一番いいんだろう」と呟きました。Co.はほっとした気持ちと，またしても人事部に助けられた感覚をもちました。

個　個人　【＃8】X年7月中旬：Aの個人面接

　Aに職場所長と人事部との面接について報告したところ，Aに自然と笑みが出ました。さらに，人事部の尽力で職場調整の可能性が出てきたことに，ほっとした表情をし，ふとAは「自分からも職場所長には報告をしたほうがいいかもしれない」と言いました。そして人事部に復職後の要望を正式に伝えるためにも職場所長と再度同席面接をしたいと意向を話しました。その頃Aは専門資格取得の勉強に集中しており，Aの表情はどこか充実感を伴っていました。専門学校で仲間ができるなど，対外的な活動も徐々に幅が広がる様子に，Co.は頼もしさを感じていました。

組織　同席　《＊9》X年8月上旬：同席面接〔参加者：A・人事部長・人事担当・職場所長・Co.〕

　職場所長を含めた同席面接開始前，表情がこわばっているAに人事担当が「異動については前向きに考えられるから，職場所長には気楽に今の状況を報告するだけでいい」と声をかけました。Co.も「私も一緒にここにいますからね」と言葉を添えました。Aは口を震わせながら職場所長に休職後からの報

告をしました。また，復職後の業務に対する要望とその理由を伝えました。今
まで自社製品の主な技術をわからないままやってきたことが上司の指示に対す
る迷いになっていたこと，自分はまず理解を深めてからアイデアを出したい傾
向があることが話されました。職場所長は黙り，人事部二名がフォローするよ
うな会話が続きました。職場所長が「固定概念がない新人にあたらしいアイデ
アを生んでほしくて，最初から新規開発の部門に配属した。そういう視点も
ある」と強い口調で話します。Co. は場の雰囲気をとりもつように〈職場所長
から早い段階で対応してもらったので，休みも長引かずに済んだのだと思いま
す〉と感謝を伝えました。すると職場所長は早々に話を切り上げ，最後に「君
が無理なく復帰できることを皆待っているから異動しても頑張ったらいい」と
強く言い残して面接室を出ました。A はホッとした表情を見せ「緊張しまし
たが，今日は直接話ができてよかったです」と感謝を述べました。

個 個人 【＃9】X 年 8 月上旬：A の個人面接　BDI：14

　前回の職場所長との同席面接について話をしました。A は職場所長に対す
る過去のうずまく気持ちは語らず，「とにかく話せてよかった」という言葉を
残し，復職先に目を向けたい意向が語られました。A が記入した生活リズム
表をみながら体調の確認をしました。主治医からの「もう大丈夫だね」との言
葉にも支えられているようにみえました。Co. は A の一つに深く集中しすぎる
傾向について触れるとともに，無理のないリハビリ出勤のスケジュールを一緒
に立てました。さらに，新たな上司への共有事項，職場に要望したい配慮事項
などを A とともにまとめました。

組織 同席 《＊10》X 年 8 月中旬：同席面接〔参加者：人事部長・人事担当・新上司・Co.〕

　A に同意をとり，A の復職先の上司との面談を設けました。主治医の指導
のもと A と Co. で作成したリハビリのスケジュールを提示し，復職先の上司
に意見と理解を仰ぎました。A は X 社で初めて軽減勤務から復職を開始する
ことになるため，人事部を含めて復職に関する配慮と留意点について共有しま
した。A の複数の上司の板挟みになった経緯，指示に対して最大限にパフォ
ーマンスを出そうとして疲弊する傾向，また高圧的に言われると自分の状況を

伝えるのを控えてしまう傾向について共有されました。

組織 同席 《*11》 X 年 8 月下旬：A 復職先の職場訪問・研修〔参加者：人事部長・人事担当・新上司〕

Co. と人事部は復職先の職場に訪問をし，管理職らを集めてメンタルヘルス研修を実施しました。目的は復職者受け入れに対し上司らの戸惑いや不安を軽減するために議論の場を設けることです。Co. はこの A の復職を機会に，職場の一人ひとりが尊重されるコミュニケーションが生まれることを願いました。

個 個人 【# 10】 X 年 8 月下旬：A の個人面接

A は復職の日を間近にした不安な気持ちを語りましたが，一方で今後の仕事に対する意欲もしっかり口にしていました。復職初日には作業着を前職場の研究所に取りに行き，前の上司に復職の挨拶をすることを A は心に決めていました。Co. は〈最初から無理をしなくてもいい〉と伝えつつ，A の頼もしさにひとすじの光が見えるような気がしていました。そして A は，復職後に起こりうる困難やコミュニケーションの苦手意識やこだわる側面など，自分自身の課題を見つめたいと言うようになりました。そのため，復職後は職場定着のフォローをしながら，改めて内省的な個人面接を開始することになりました。

〔4〕事例における協働の鍵

本事例の特徴は，個人の継続した支援を行う過程で，組織支援として人事部や職場上司との同席面接を途中で組み込んだことです（＊5，＊9）。本人を含めた同席面接は，ハラスメントの体験で本人が上司に伝えたかったこと，復職に向けて伝えたいことを語り，また上司としての言い分や考えなどが共有される機会となりました。公認心理師は本人への肩入れを行い，人事部が組織として職場の事情の肩入れを行うこと（多方向への肩入れ）で，部下間のコミュニケーションの橋渡しをし，互いの立場からの言い分を理解し受け入れていきました。この点が本事例の大きなポイントです。それぞれの立場で知らなかった事情を全員で共有することによって，その集団の中での個々の違った見方ができるようになるのです。まさに本人と組織の間に新たな関係性と物語が生まれ

た瞬間でした。

　組織に属する人間には，それぞれの役割・立場があり，その役割や立場の言い分があるものです。これらの立場の違いから生じる見方や捉え方の違いを共有し理解していく作業が多職種とともにできるようになると，組織の中に所属している本人は非常に支えられます。職場環境の中で適応していく個人とその環境を支援しているというコミュニティ・アプローチの視点をもてば，事例に向き合っていくときに個の支援と組織の支援の両者をつなげていくことが必要だという発想がわいてきます。そこで，どうつなげるかが，多職種協働の鍵なのです。この事例では同席面接という方法を用いて，本人を含めて支援関係者の共通理解を増やしていきました。個への支援と組織への支援の双方の支援において，「会話における会話」（Andersen, 2015）を多く行い，本人と支援関係者がスムーズに同席面接に臨めるようにしました。それぞれの支援においてどのような会話プロセスがあり，その会話の文脈をどのように受け取ったかなど，同席面接の前後では丁寧にやりとりをしました。そして同席面接では，それぞれの立場の捉え方・会話の文脈や体験の受け取り方の違いを理解していきました。役割の違う多職種が互いの立場を理解し，受け取り方の共有，価値観の尊重をしていくことは，まさに協働の作業です。今まで気づかなかった視点，役割立場からみる捉え方，それぞれが率直に表現し受け取ることのできる機会が，組織内での多職種協働を促進しました。

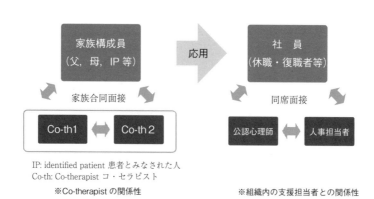

IP: identified patient 患者とみなされた人
Co-th: Co-therapist コ・セラピスト
※Co-therapist の関係性　　　　　　　※組織内の支援担当者との関係性

図 4-1　組織内での Co-therapy の活用

　この事例の学びは，個人と組織の支援をつなげていくための手段として，家族合同面接（Co-therapy）の技法が複数の関係者の出席する同席面接の実施に役に立ったことです。実際，家族面接でのCo-therapyでは，男女など役割の異なるペアを組んで行います。事例では，人事部と公認心理師が多職種の支援者としてペアを組み，本人とその上司とともに同席面接を行いました。これがCo-therapyの応用です（図4-1参照）。

　そして，面接過程では，家族療法のジョイニング（joining）や多方向への肩入れ（multidirected partiality）の技法が使われました（p.107，108参照）。例えば，同席面接の＊5で人事担当が言った，「緊張はやめ，やめ」や「こうやって話すのは初めてだよねー」などは場の雰囲気を和ませるジョイニングです。そして，Aの言い分，上司の言い分を語り，ワンマンな体制は前社長の名残の歴史という組織の事情などが共有されたのは，多方向への肩入れの効果です。立場や役割の違いから生じる言い分を表現し聴くこと，そして互いに尊重し合えるきっかけになったことで，本人を支え，組織も支えられました。つまり，個と組織の支援両者をつなげていくコミュニティ・アプローチが，家族療法の合同面接の技術を活用することによって実現可能となったといえるでしょう。この＊5の同席面接でのやりとりは，明らかにグループ内の関係性にポジティブな影響を及ぼしました。面接に参加した全員の集団力動の変化をみると，アサーティブなコミュニケーションが活発化していることがわかります。そして，コミュニティにおける多職種協働で非常に配慮しなくてはならない情報共有のあり方においても，家族合同面接の技術を活用すれば，本人と支援関係者グループ内での共通理解が自然に増え，集団全体での支援がよりしやすくなるのです。

4.　多職種協働に応用できる考え方・技法について

〔1〕コミュニティ・アプローチの視点

　システムにおける心理援助の一つであるコミュニティ・アプローチは，コミュニティ心理学を基盤とする心理療法であり，臨床心理学的地域援助（山本編，2001）のことを指します。コミュニティ・アプローチでは，個の支援だけ

でなく，その個人にまつわる環境への支援を考えるのが，他のオリエンテーションと異なる視点です。言いかえると，人と環境の適合性（山本，1986）を常に念頭に置きながら，「地域社会で生活を営んでいる人々の心の問題の発生予防，心の支援，社会的能力の向上，その人々が生活している心理的・社会的環境の整理，心に関する情報の提供などを行う」（山本編，2001）ことが，臨床心理学的地域援助です。システムの中で個と組織両者の支援が必要でその両者をつなげていくという考え方は，まさにコミュニティ・アプローチの発想であり，産業・労働分野の支援は，この視点が大いに役立ちます。労働者には所属する組織があり，さまざまな集団の人間関係の中で仕事をします。そのため労働者個人をアセスメントする際に，必ず所属している職場の人間関係や組織全体の特徴など，環境面の情報も重要となり，同時に組織についてもアセスメントするようになります。コミュニティ・アプローチの発想をもって個人の支援をしていくと，おのずと個人を取り巻く環境への介入を考えるようになり，そうすると組織自体への支援も具体的になり，視野が広がっていくのです。

　コミュニティ・アプローチが紹介している環境への介入の方法にコンサルテーションがあります。コンサルテーションとは，二人の専門家間の協力行為の一つの形であり，一方の専門家（コンサルティ）の抱える職業上の問題（利用者に対する援助に関する問題）について，コンサルティが問題解決をできるように，他方の専門家（コンサルタント）が援助する行為（山本，1986；Caplan & Caplan, 1999；藤川，2007）です。そのため，教育分野，産業・労働分野などのシステムにおける支援や，複数の人間関係やグループ内で起こる問題への支援では，必ず行われる援助方法です。

　さらに，コンサルテーションは，コンサルティ（担任など教育の専門家，人事上司など企業組織の専門家など）主体で支援が動いていきます。つまり，相談をもちかけたコンサルティがその事例の責任をもち，コンサルタント（助言者，公認心理師など）は責任を負わないことが特徴です。しかし，さまざまな臨床現場での困難な問題に対して，その解決は一人の専門家の力量だけでは不可能であることも多くあります。コンサルテーションは，コンサルティの情緒面は扱わず，課題解決の方法で行われること，コンサルティ主体に進められ，結果はコンサルティがすべて責任をもつこととされています。コンサル

テーションはコミュニティシステムにおける支援の方法として必要不可欠で
すが，事例に関わる関係者が複数いる現場では，それぞれの役割や事情があり，
実践で求められる方法とコンサルテーションの理論との間で乖離が起こって
いたり，コンサルテーションだけで支援をしたりする限界もありました。これ
はカプランら（Caplan & Caplan, 1999）も指摘していて，その結果，「協働
（Collaboration）」による支援が求められるようになった歴史的背景があります
（隅谷，2015）。

　本書において，協働とは，「異なる専門領域の者（多職種）が，次のプロセ
スをたどりながら，関係性と支援を発展させていく協力行為である。つまり，
①対話を重ねるなかで，②個人（クライエント）や組織（部署・集団等）の課
題を見出し，③援助活動の目的を共有し，④それを実現するために新たな援助
サービスをともに計画・実行すること。なお，多職種の関係性は良好かつ対等
であり，援助サービスにはお互いに同等の責任を負う」と定義しました。つま
り，専門家がそれぞれの専門分野の支援を責任をもって実施するものであり，
関係者それぞれの立場から，多職種の支援仲間として手を取り合って専門的に

ジョイニング (joining) 2　(p.18 も参照)

　ジョイニングとは，家族面接を始めるにあたって信頼関係を構築すること
を重視する，構造派のミニューチン（Minuchin, S.）が開発した技法です。
家族面接に関係するメンバー全員が「仲間に入る」ために，その場の雰囲気
をつくり上げ，家族療法家と家族の信頼を築いていきます。複数人同席の面
接では，このジョイニングが欠かせません。例えば不登校の子どもを連れて
きた家族の面接を例に挙げると，子どもは自分のせいでこんなところに連れ
てこられた，と思ったり，父親は忙しいのにと心で思っていたりすることが
あります。家族全員がそろい，挨拶をする場面で，その場を話しやすい雰囲
気にするために「ここの場所はすぐにわかりましたか？」などと雑談をする
のも，大切なジョイニングです。営業マンが仕事の本題に入る前に，雑談で
場を和ませるのもジョイニングの手法に通ずるものがあります。

関わるものです。コミュニティ・アプローチでは，コンサルテーションの間接的な介入だけでは成し遂げられなかった支援形態から，それぞれが責任をもって専門性を発揮し合い，複数の支援で新たに得られる支援の在り方を模索していく協働の支援形態を求めるようになったのです。多職種で支援を行う産業・労働分野の現場では，非常に重要な支援形態であるといえますし，公認心理師による支援において非常に重視されるものです。もちろん産業・労働分野のみならず，公認心理師が働く主要 5 分野すべてにいえることでしょう。医療分野ではチーム医療，教育分野ではチーム学校というように，支援には組織における支援チームをいかにつくっていくのかという視点が欠かせません。

　ではどのように協働を行っていけばよいのでしょうか。コミュニティ心理学では残念ながら，概念や基本的な理念を議論することが多く，具体的技術の提案や実践の検討はあまりなされてきませんでした（隅谷，2015）。そこで，先の事例においては，同じシステムを扱う家族療法，つまりシステムズ・アプローチの技術を活用するという発想に至りました。

〔2〕 システムズ・アプローチの視点：Co-therapy の活用

　平木（2020）は，「コミュニティ・アプローチについて，家族療法とグルー

多方向への肩入れ *(multidirected partiality)*　2　　(p.25 も参照)

　多方向への肩入れとは，文脈療法のナージ（Boszomenyi-Nazy, I.）が面接場面で活用した関係づくりの技法です。家族療法家が家族メンバー一人ひとりに共感し，味方になり，事情や気持ちを受け止めていくことです。それぞれに違う意見や見方があるなかで，対立があっても公平に大切にされるやりとりをしていきます。それを通して，家族の相互理解，信頼が生まれたり，公平な関係を新たにつくる準備ができたりするのです。これはまさに自他の受け取りの違いを理解し，その違いを尊重するアサーションの態度です。家族それぞれがアサーティブに対話し，見方や捉え方の違いを発見していくプロセスが，家族合同面接にはあります。

プカウンセリングをプラスしたような人間援助の方法」だと説明しました。そしてさらに「日常生活に身近な家族は個を取り巻く小さな単位のシステムを構成しており，そのシステムにおける関係性を扱う支援として蓄積してきた家族療法であれば，企業組織における人間援助の具体的な支援方法や技法について参考になる視点がある」と述べています。楢林（2013）も多職種協働のあり方について，システム論的家族療法の視点の活用の重要性を唱え，児島（2013）は，家族療法が開発した同席面接およびそこに関与する臨床家を含めたシステム構築のための視点と方法が役立つと述べました。

　先の事例では，公認心理師と企業組織内のライン（管理監督者や人事）の協働支援過程に家族合同面接（Co-therapy）を応用した同席面接を実施しました。事例では，職場復帰支援において，協働支援者である人事と公認心理師が同席で本人との面接を実施し，互いに対話をすることによって，多職種同士の協働関係を促しました。役割の異なった立場それぞれに言い分があり，その言い分の違いから互いの理解がずれて誤解が生まれていったことや，両者のボタンの掛け違いが起こったプロセスを理解し，想像していなかったお互いの事情についても知ることができました。

　Co-therapy とは，「二人のセラピストが同時，同じ場所でクライエントをみることを指し，治療プロセスにおいてセラピスト同士の関係が重要であるセラピー」のことをいいます（Roller & Nelson, 1991）。二人のセラピストが一緒に家族に関わり，ジョイニングや多方向への肩入れを通して，面接参加者それぞれの言い分を共有，理解し，そのセラピストチームの関係性を治療に活かしていくのです。

　先の事例の＊5の同席面接は，会社の人事部と公認心理師が職場の上司と部下（本人）の両者に肩入れをしたことで，それぞれの立場での思いや気持ちが語られました。公認心理師と人事部はあらかじめ面接の目的や注意点を共有し，ともに職場を支援したいという関係性も構築できていました。その点も，同席面接の効用といえるかもしれません。

　また Co-therapy は，治療者が複数であるため効果も広がるといわれています（Roller & Nelson, 1991, Charles, David & Briggs, 2001 など）。二人いれば一人よりもクライエントに与えられるものが多くなり，長期にわたる治療

において安定感を感じられるようになります。セラピストの関係性（異なる役割モデル）をクライエントが直接観察することで気づきも深められます。そしてセラピスト側へのメリットとして，二人いることで，万が一，一方が見落としたクライエントの理解を，もう一方が受け止められるということが挙げられます。Co-therapy はこのような補完的機能をもっているため，セラピストの教育的な視点で導入されることもあります。さらに，複数いると一人よりも責任を分けるので仕事量も軽減でき，クライエントからの傷つきやバーンアウトも防げるという保護的な機能もあるともいわれています。

　これらの内容を産業・労働分野の現場にあてはめて説明すると，人事と公認心理師がともに補完しながら従業員を支援すると，一人では成し遂げられなかった関わりが可能であるということになります。公認心理師は心の専門家ではありますが，組織内の規定，ルール，人事に関することは扱うことができません。そして職場が管理している業務の差配に関しても，具体的に仕事を与えることはできません。これらは人事や管理監督者に援助を行ってもらえます。また，人事部や管理監督者の側からみると，心の健康問題で悩んでいる従業員に公認心理師がどのように接するのかを知ることができます。つまり，自分の専門以外のことは他職種にお願いすることになりますが，視点の異なった支援をそばで見て対応を学ぶことはできるのです。

　こういった意味でも Co-therapy の支援形式は，支援者同士の連携・協働を促進するきっかけとなり，異なる役割が集まりチーム体制をつくり上げることにつながると考えられます。先の事例のように，ハラスメントなどそれぞれの立場に誤解が生じている場合や，対立や緊張のある関係の場合など，互いに知らなかった事情を共有しながら理解を深めるために，同席面接は非常に有効です。立場や役割の異なった支援関係者と同席で面接をすることにより，互いに対話が促され，アサーティブな話し合いに進む可能性が大きくなります。さらに大きなメリットとしては，同席時に得られる情報は互いに了解が得られるため，自然と情報共有が可能となります。つまり，同席面接において語られる内容や共有される情報は，おのずと面接参加者全員の共通理解となるため，了解事項が増えて，支援者間の連携がとりやすくなったり，本人に対してもより理解を深めて話を聞くことができるようになったりするのです。ただし，あらか

じめ同席面接実施の前に，本人に対して共有してもよい内容について同意を得る必要はあります。

〔3〕多職種協働のためのコミュニケーション：アサーション

　専門性の異なる多職種の専門家が，建設的な対話をしながら二人三脚でサービスを実行するためには，それぞれの専門性を発揮することが望まれます。自分だけではできない専門外の援助を相手に実行してもらうことができるというのが，協働の効用です。つまり，多職種協働は複数の専門家だからこそ成し遂げられる活動ということになります。これは先に述べた Co-therapy において，異なるセラピスト同士が支援に関わることで得られる効用と同じことです。つまり，Co-Therapy は一種の協働活動とも捉えられるため，Co-Therapy を知ることは，多職種協働について理解を深めることにつながります。

　では，多職種の専門家同士が，どのようなコミュニケーションをとり，関係性を構築していくのがよいのでしょうか。その点を Co-therapist 同士の関係構築の視点から考えていきたいと思います。Co-therapist の関係は，互いの役割や立場の違いを認め合うことを前提としています。言いかえると，自他尊重の表現を唱える "アサーティブな関係" を構築するということです。つまり，多職種の専門家同士においても，互いに異なる価値観の承認，対等に対話ができる関係性，安全な情報共有などが，関係性構築に重要ということになります。

　自他尊重のコミュニケーションは，臨床心理学において「アサーション」という概念で紹介されています。アサーションとは，アメリカの心理学者がコミュニケーションを 3 つの表現で説明したもので，日本では平木（2009）によって「自分も相手も大切にするさわやかな自己表現」とわかりやすく紹介されました。アサーションでは，お互いの存在や多様性を認め合う関係性を重視し，聴くことと伝えることを大切にしています。コミュニケーションをとる際に，非主張的になったり，攻撃的になったりすることなく，アサーティブな表現を協働活動の中でできれば，良好な関係，さらに対等に責任をもてる関係は，安定的なものになります。アサーティブな関係は，率直なやりとりが可能になり，意見が共有しやすく，協力もしやすくなるのです。

　自他ともに尊重されれば，それぞれが自発的に責任をもって専門的な行動も

> ## 集団や組織でよりよい人間関係を構築する
> ## "協働のためのアサーション"
>
> 　近年，平木典子先生は，組織で働く人のためのアサーションとして，協働のためのアサーショントレーニング（CAAT：Collaborative Approach in Assertion Training）を推奨し，2019 年，日本アサーション協会（https://www.japan-assertion.jp/）を設立しました。「このトレーニングは，人との関わりがある小集団や組織で働く人のためのものであり，協働のためのアサーションを通して相互に理解する関係をつくり，関係の中で各自が自分らしさを発見しながら，関係の質を高め，課題を達成していくという協働のためのトレーニングです。また，そのような協働的関係の中で，一人ひとりがより自分らしく生きられるように変化しながら，集団・組織の風土や文化がより良く成長し続けていくことも目指しています。」（日本アサーション協会のホームページより）

しやすくなります。たとえ互いに主張が衝突したとしても，歩み寄って柔軟に対応し，ともに調和の発想をもてるようにもなり，新たなナラティブ（物語）を構築していけるでしょう。これらの自他尊重の精神が，協働における理想的な関係であり，多職種協働の基本姿勢です。家族，集団（グループ），地域社会（コミュニティ）で実践される協働は，一人ひとりが自他尊重の精神をもち，互いの存在を認め合うやりとりが重要といえます。つまり，多職種協働を担う人は，集団におけるアサーティブなコミュニケーションを心掛け，アサーティブな協力関係を築くことを目指すとよいでしょう。

コラム 10　　システムのもつ力を信じる：職場復帰支援の現場から

　私は初学者のときから，地域や会社組織などシステムに関わる現場が多かったので，いわゆる個人療法では太刀打ちできず，関わる人々との関係性の力を借り

ながら関わることでなんとか対応するしかありませんでした。

　これは，職場復帰支援で関わっていたある企業での体験です。休職者が復職するたびに復帰後の配慮を要請するため復職先の職場に訪問していました。管理監督者から「いやあ，職場は限られた人員で仕事しているんですよね」とか「そうやって上司にばっかり負荷がかかるんだ。私がうつ病になりそうですよ！」などと真っ向から反発されることがよくありました。管理監督者として詳細な労務管理を求められ，そのために煩雑な仕事が増える事情を勘案すると，当然の言い分です。しかし，その日訪問した別の職場は，非常に協力的な職場で，「組織として支援をしてくれて本当にありがたい」という労いをされ，「○○のように接したらどうだろうか？」「いろいろ考えたけれど，日中面倒をみることが難しい。どうすればいいだろうか」など，復職者の受け入れを建設的に捉え，本人を理解したいと思っていました。復職後，職場での配慮理解が得やすい職場であることは間違いありませんでした。これらの違いは，何だろうかと思うようになりました。

　復職者の長期休業明けの初日は，なんともいえない不安と緊張感があります。忙しく働いている他の人の姿をみると，声をかけたくてもかけられず，ぽつんと一人で席に座っているしかありません。しかも自分への対応に迷っている人を目の当たりにすると，「本当に受け入れてくれるのだろうか」「お荷物ではないだろうか」と，孤独を感じてしまいます。この試練は，乗り越える必要があるとはわかっていても，復職者にとっては非常につらいものです。このような本人の緊張をほぐすもの，それは何気ない “声がけ” なのだそうです。しかし，職場の多くの人は，その声がけが難しいと感じるようで，私から職場に〈普通に接してください〉と伝えると，「その普通が難しい」と言われます。多くの人が “うつ病者にどう対応したらいいかわからない” と迷う理由なのです。また，管理監督者が復職者の再発リスクと業務遂行上のリスクを考慮するあまりに，挑戦する機会を上司が与えなくなったり，本人が職場の事情も考えず，「わかってほしい」と過度に要求したりすることもあります。このように歯車がかみ合わない状態が起こっていても，互いに問題を共有することがないまま時が過ぎ，再度不適応になる事例も少なくありません。認識の違いが生まれたとしても，もし話し合いの場がもてれば，復職者は支えられると思うのですが，じっくりとやりとりができている上司と復職者は案外と少ないのです。

　復帰について真っ向から反発する職場と建設的な態度を示す職場があるのは不思議でした。単に管理監督者の人柄の違いだけでしょうか。いろいろみていくと，真っ向から反発する職場は，それまで休職した人や復職した人がいない職場のほうが多かったのです。知らないために心の病に偏ったイメージをもつ管理監督者も少なくありませんでした。一方で，復帰について建設的な反応をみせる職場は，復職の対応をしたことがある職場が多く，管理監督者が心の病について何かしらの知識にふれ，安全配慮義務が課せられていることを把握している人が多かったのです。ある管理監督者が次のように言いました。「メンタル疾患からの復職を受け入れる過程で職場や上司は，どのように接したらよいか戸惑い，気づかう。この体験を通して，職場が忘れてしまった思いやりのある関わりを少しずつ取り戻し，つながりが生じてきた気がする」と。

　人はいろいろな人との相互作用で生きていて，真剣に向き合えば向き合うほどそれぞれに影響を与え，与えられます。復帰を受け入れるために関わった同僚，先輩，上司，そしてそれを支える医者や家族それぞれが，何かしらの小さな変化を促し，それで職場のシステムが動いていきます。これが，システムのもつ力です。

　家族療法の訓練を受けているときに，スーパーバイザーの平木典子先生からこんなことを言われたことがあります。「家族の力をもっともっと信じましょう。どんな家族も大きな力をもっているのですよ」と。家族という集合体自体に潜在的な力があり，時間とともに変容する力があるのも家族であることを知りました。産業・労働分野の支援において，組織に長年関わって得られる組織の変化を感じたとき，不思議なことに家族支援から学んだ「集団の力」を実感するのです。

　初学者のときは，関わる人が多いとあれもこれも考えて，自分でなんとかしたくなります。しかし，経験を積めば積むほど，一人でできることは限界があることを知るようになります。援助に関して孤軍奮闘しなくても，さまざまな人の影響を受けて自然に組織は動いていくし，変化もしていけるのだ，と思う瞬間に出会えます。そう思えたときは，おそらく多職種協働がうまく機能しているときなのだと思っています。システムには力があるのだと信じることができるようになると，たとえ困難な状態に遭遇したとしても立ち向かう勇気も湧き，未来への希望や期待をもつことができます。そして，関わる人たちともっと力を合わせたくなるのです。

コラム 11　　相手が協働に消極的なとき　2

　産業・労働分野の心理支援に関わるなかで，どんなときに難しいと感じますか？と聞かれることがあります。それは，ともに支援を実施する組織の担当者に，メンタルヘルスや心理援助に対する興味やモチベーションがない場合です。そのような担当者は，一つひとつの活動もやはり消極的なため，その状況を変えようと自ら奮闘しているときは，つらいなと感じます。

　初学者のときはそのような状況に陥ると，味方もいないなかで孤軍奮闘するしかありませんでした。でも今では，組織の担当者にとって心理援助に対する理解を十分得られるタイミングではないのかもしれない，と考えられるようになりました。もしかしたら何かのきっかけで見方や考え方，理解が変わるかもしれない。もしそのチャンスがあるなら，それを逃さないように，できることを一つひとつ積み上げていこう，と思えるようになっています。

　例え今，担当者が支援に関して消極的な態度であっても，この先組織にとって困った事例が発生したりすると，積極的に取り組むようになったりするかもしれません。そのようなタイミングがチャンスなのだろうと思います。困ったときに公認心理師がいてくれて助かったと思ってもらえること，従業員が健康を取り戻して元気になるのを見てもらうこと，そのような感覚を肌で感じてもらえたら，支援協力に消極的な担当者も，少しずつこちらを向いてくれるようになるかもしれません。

　この組織はメンタルヘルスに興味がないから，ここの担当者は理解がないからと，何もしないであきらめてしまうのはもったいないと思います。あきらめる時点で，その組織の変化の機会を奪ってしまうことになるからです。今できる範囲のことだけでよいので一つひとつ積み上げていくこと。それしかありません。よりよいコミュニティをつくりたい，より働きやすい職場をつくっていきたいと熱意をもって信じて取り組んでいく姿は，必ず誰かが見てくれているものです。そうするうちに，組織の中で仲間や味方が一人，二人と増えていき，協働への道が開けてきます。その体験ができたとき，組織で支援することの楽しさ，無限の歓びがあふれます。

第3部

多職種協働の理論

第**5**章

見通しをもって協働を発展させる技術

　本章では「協働を発展させる技術」について述べます。これは，多職種とともに働くすべての分野，医療・保健，教育，福祉，産業・労働，司法・矯正において適用できる臨床技術です。特に教育分野と産業・労働分野における実践は，公認心理師自らが考え，動くことで活動の幅が大きく異なる領域のため，参考になるでしょう。

　はじめに，筆者の開発した「多職種協働の発展段階モデル」（坂本，2015；坂本，2017a）を紹介し，効果的，戦略的に多職種との協働関係を発展させるための方法について述べます。

1.「協働を発展させる見通し」をもつことが大切な理由

　そもそも，多職種協働はなぜ必要なのでしょうか。また「見通しをもつ」ことはなぜ重要なのでしょうか。ここで再確認してみましょう。

　その理由は，(1) カウンセリングにおける「二者関係」を守り強固なものにするため，(2) 今は困っていないクライエントの予防的・開発的支援を展開するため，(3) 公認心理師自身のコントロール感を高め，自らの安定と成長に役立たせるため，の3点にあります。

〔1〕カウンセリングにおける「二者関係」を守り強固なものにするため

　多職種協働は「クライエントのため」に行うものです。クライエントへの心理支援を強化するために行うものです。これは，カウンセリング・心理療法で

いうところの「二者関係を支える土台づくり」に該当します。

　私たち公認心理師は，職務上，知りえた情報，つまり「秘密を洩らさないことを守る義務」（角田，2012）を負っています。守秘義務をはじめ職業倫理をしっかりもっている人物を前にするからこそ，クライエントは，他者には決して話せないようなセンシティブな事柄を安心して語ることができるのです。

　しかし，学校や病院，企業における公認心理師は（開業分野以外のすべての公認心理師は）たいてい守秘を脅かされる経験をします。スクールカウンセラーが廊下でばったり会った担任から，自分が紹介した生徒について「先生，どうでしたか？」と尋ねられるようなとき。担任教師はその生徒を心配し，気づかう気持ちからスクールカウンセラーに尋ねているわけですが，二人の秘密を聞こうとする第三者が現れた時点で「秘密を洩らさない」ことは脅かされることになります。

　「上司」や「管理職」という権限をもつ人物から，強制力を伴う開示請求を受けることもあります。「安全管理上，知る権利がある」「あなたに責任がとれるのですか」と言われるような場合です。こうした脅威に直面したとき，私たち公認心理師はクライエントの秘密をどのように守ることができるでしょうか。

　こうした事態が起こる背景を考えてみましょう。そこには，人間のもつ本来的な不安があるように思われます。精神分析理論が示唆するように，人間は見えないものや得体の知れないものに不安や空想を抱く特性をもっています。多職種も私たち公認心理師も同じ人間なので，双方ともその傾向から逃れることはできません。

　スクールカウンセラーが新しい学校に赴任する場合を例示します。新任のスクールカウンセラーであれば，どのような学校かわからずに緊張するものです。受入側の学校も，見知らぬ人物に対して不安を抱き，好奇のまなざしを向けるかもしれません。こうした組織への参入場面では，一般的に互いの不安や空想が喚起されやすい状況といえます。そのなかで，スクールカウンセラーが表情に乏しく，ほとんど自己開示しないとか，まったく世間話をしないような人であれば，相手はどのように感じるでしょうか。

　最初は「なんだかミステリアスな人よねぇ」とのあたたかな評価かもしれません。しかしそれが続けば「いつも部屋にこもって何をしているのだろう

か」「話しかけても反応は薄いし，生徒の情報は一切出せないってどういうこと……？」といった疑念に変わります。私たち公認心理師が奥に隠れようとすればするほど，皮肉なことに秘密のヴェールをはがそうとする反作用が生じることになるのです。

　管理職からの「開示命令」は，鬱積した不安感情の表れといえます。一般的には「不信感」と呼ばれる類の感情で，それが権威をもった形で示されていると理解できます。私たち公認心理師は，こうした状況を自分自身がつくり出していないかどうか点検する姿勢が必要だと考えます。多職種との間に起こる問題のほとんどは，何かしらの背景（歴史）があって生じるものです。自分の責ではなく，前任カウンセラーが原因の場合もあります。

　いずれにしても，ある日突然，困難な状況が生じるわけではないということは肝に銘じておくべきでしょう。逆に，困難な事態は，ある程度未然に防ぐことができるのです。公認心理師の普段の様子が，常識的であり，信頼できそうな人物だと感じさせるものであれば，少なくとも密室をこじ開けようとする強制力にさらされるリスクは低減します。これが多職種との関係構築がクライエント関係と同質・同程度に重要な理由です。

〔2〕今は困っていないクライエントの予防的・開発的支援を展開するため

　第二に，多職種協働は，一対一の個別的支援だけでなく，今はまだ心理サービスを必要としていない人々にも予防的・開発的支援を提供することにつながります。これは，臨床心理士の「臨床心理的地域援助」（日本臨床心理士資格認定協会），公認心理師の「国民の心の健康の保持・増進」（公認心理師法第1条），「心の健康に関する知識の普及を図るための教育及び情報の提供」（公認心理師法第2条）につながる視点です。

　田嶌（2003）は，心理臨床の場は3つの層からなると考えました（図5-1）。すなわち，何らかの症状や病を抱えた人々を対象とする「一次的心理援助」（いわゆる「心理治療」を含む），症状や病を抱えるほどではないが何らかの不調や悩み，問題を抱えた人々を対象とする「二次的心理援助」，すべての人の適応を対象とする「三次的心理援助」の三層構造です。田嶌は，三層構造を用いて，心理サービスを「病める人」や「問題を抱えた人」に限定されるもので

はないと論じています。

　心理臨床の場を，こうした三層構造
でみたとき，協働の発展は大きく二
つに分けることができます。それは，
「個別事例のための協働」（一次的心理
援助）と「予防的・開発的サービス
を生成・維持・発展するための協働」
（二次的・三次的心理援助）です。こ
の理論を使えば，協働の発展とは，一
次的援助（個人面接）の枠組みをより
強固なものにし，二次的・三次的援助

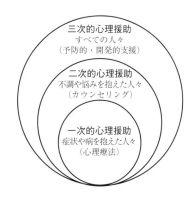

図5-1　心理臨床の三層構造モデル
（田嶌，2003 を参考に作成）

ができる状況を「意図的に」つくり出す行為といえます。

　しかし，協働は一次的心理援助の範囲でのみ理解され，二次的・三次的心理
援助にまで発展させるという考え方は一般的ではありませんでした。昨今の心
理職への社会のニーズ，国家資格のニーズを考えれば，今後はどのような臨床
スタイルをとるにせよ，また常勤であっても非常勤であっても「国民のこころ
の健康の保持増進」を視野に入れた仕事が求められます。発展段階モデルはこ
の二つを同一スペクトラム上に位置づけ，双方を実現することを意図していま
す。

　スクールカウンセリングにあてはめて考えると，公認心理師の仕事は，不登
校やいじめ問題を抱えた児童生徒を対象とする一次的心理援助にとどまらず，
成績不振や保健室の頻回利用，欠席しがちな児童生徒を対象とする二次的心理
援助，今は困っていない児童生徒を対象とする三次的心理援助をも含むもので
す。そして，一次的心理援助を強化する視点とともに，二次的・三次的心理援
助が可能になる姿勢で臨床活動を行うことが重要ということを意味しています。

　例えば，スクールカウンセリングにおけるアサーショントレーニングやソー
シャルスキルトレーニングなどの三次的心理援助は，今すぐにはできないとし
ても「本当はこういうサービスがあったほうがいい」という見通しをもつこと
が重要です。「今はこういう理由でできない」と自覚しておくことは，公認心
理師としてのバランス感覚を保つことにも役立ちます。

個人面接の技術を多職種協働に使う

　クライエントと個別面接をするとき，私たち公認心理師はラポール形成を
し，治療同盟（作業同盟）を構築しようとするでしょう。そして，クライエ
ントへの援助がうまくいかないとき，例えば，なかなかラポール形成できな
かったり，なかなか本音を話してもらえなかったり，あるいは「役に立たな
い」とクレームを受けたり，そうとは明言しないが受動攻撃的な態度をとら
れたり……。公認心理師も一人の人間なので，怒りや悲しみを感じることも
あるでしょう。しかし，公認心理師であれば，それを無理に否認したり放置
したりはしません。それらの現象を，転移や逆転移，負の相補性，巻き込まれ，
エナクトメントといった専門概念を通して理解し，臨床に還元する方法を知
っています。臨床経験を積むほどに陰性感情とのつき合い方はうまくなって
いくし，未熟なほど感情に支配され，ケース全体に悪影響が及びます。
　多職種協働でも同様のことが生じます。多職種との関係でうまくいかない
とき，「あの人はものわかりが悪い」とか「この組織は理解がない」とか，単
に「ダメな管理職」として腹立たしく感じ，回避的になるようなことが生じ
ます。これはまさに，クライエントの問題に巻き込まれ，治療的に適切な距
離を失し，専門職としての職能損傷が起きている状態です。公認心理師であ
れば，「セラピスト・クライエント関係」の技術を多職種にも惜しみなく適用
しましょう。それは，翻ってクライエントとの心的作業を守り，強固なもの
にし，支援の幅を広げることにつながるはずです。

〔3〕公認心理師自身のコントロール感を高め，自らの安定と成長に役立
　　たせるため

　第三のメリットは公認心理師自身の安定と成長に関することです。公認心理
師が一人の人間として，職業人として，安定してクライエントに向き合うこと
は，何よりクライエントの安心感につながります。また，一人の対人援助職と
して，臨床経験を糧に専門職として成長し，支援者としての腕を上げることは，
まだ見ぬクライエントの利益につながります。公認心理師だけでなく，スポー
ツ選手や料理人でも，プロフェッショナルと呼ばれる人物は自分自身のパフォ

ーマンスを最大化する術を知り，それを実現できる人物といえるでしょう。

　私たち公認心理師は「心理学」という学問的知見を活用してクライエントを理解し，実践活動を有効に展開する専門職です。例えば「発達心理学」の研究からは，人間の成長過程や，その時期にできること・できないことに関する科学的な法則を知ることができます。私たちはその法則や典型例と目の前のクライエントを比較対照することで，より客観的に現状を把握でき，支援の方向性を知ることができます。乳幼児健診や3歳児検診，特別支援教育といった現場はこうして有効に機能しているのです。換言すれば，心理学理論に基づくアセスメントと介入方法の選択により，私たち公認心理師は仕事のコントロール感を高めてきたといえるでしょう。

　しかし，多職種協働に関してはこうした科学的法則やエビデンスに乏しい状況が続きました。筆者はこうした問題意識から，複数の実証研究を行い，協働の発展に関する法則を明らかにしました。発展段階モデルは，その成果のひとつです。このモデルをひとつの根拠として，公認心理師が内省を深め，次に目指すべき方向を知ることができれば嬉しく思います。

　実践活動を内省し続けることは，公認心理師としての職業的成長にもきわめて重要です（Skovholt & Rønnestad, 1995）。私たちは，スーパービジョンや事例検討，学会発表の経験から，自分の仕事を理論的，客観的に振り返ることの重要性を知っています。発展段階モデルは，次のような自問自答を，三層構造の枠組みの中で内省するよう促しています。

・多職種との意思疎通がうまくいかない原因は何だろうか？
・多職種とうまくいかない要因を，相手の性格や考え方，能力の要因にしすぎていないだろうか？
・私が組織の中で行っている個人カウンセリングやコンサルテーション活動は，その組織に，社会に，どれだけ役に立っているのだろうか？
・私は自分が置かれた立場で，十分な援助サービスを提供しているだろうか？　私は，それらを達成するための実際的な努力を，どのくらいしているだろうか？

こうした振り返りは個人面接でもよく行っていることではないでしょうか。個人面接が行き詰まったとき，「なぜうまくいかないか」を振り返るのと同じ

123

> ### 産業・組織心理学の普段づかい
>
> 　公認心理師は労働者です。ごく当たり前のことですが，実際，明確に意識しながら臨床活動を行っている公認心理師はどのくらいいるでしょうか。具体的には，公認心理師は「カウンセラー」や「テスター」という役割を担いながら心理サービスを提供し，それについての対価を得ている労働者です。労働者であるからには，「パフォーマンス」や「職業性ストレス」といった産業・組織心理学の概念があてはまります。公認心理師自身が産業・組織心理学を活用する視点をもってみませんか？
>
> 　例えば「仕事のコントロール感」をもつことは，労働者として重要です。有名な理論として，「仕事の要求度─コントロールモデル」（Karasek, 1979），「仕事の要求度─コントロール─サポートモデル」（Johnson & Hall, 1988）があります。仕事の要求度が高くても，コントロール感が高ければよい仕事ができる，適切なソーシャルサポートが得られればよい仕事ができる，またストレスも低くなる，という理論です。
>
> 　そもそも公認心理師の仕事は複雑多岐にわたる情報処理の連続で，仕事の要求度は大変に高いといえます。「見通しをもつ」ことができれば，仕事のコントロール感を高められるのではないでしょうか。また，「多職種」を積極的にソーシャルサポートとして捉え，協力して仕事ができれば，さらによい仕事ができます。「多職種協働，しない理由を探すほうが難しい」です。

く，協働についても振り返り，備える姿勢をもちたいものです。

2. 協働の発展段階

〔1〕概 要

　協働の発展段階モデルは5つの段階的なプロセスを想定します（表5-1，図5-2）。5つのプロセスとは，Phase0（個人面接段階），Phase1（連携段階），Phase2（協働段階），Phase3（協働活動段階），Phase4（システム化段階）です。

　これら5つのプロセスは，前述した「個別事例のための協働」（一次的心理

表 5-1　協働の 5 つの発展段階（概要）

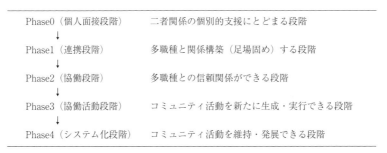

Phase0（個人面接段階）　　　二者関係の個別的支援にとどまる段階
　↓
Phase1（連携段階）　　　　　多職種と関係構築（足場固め）する段階
　↓
Phase2（協働段階）　　　　　多職種との信頼関係ができる段階
　↓
Phase3（協働活動段階）　　　コミュニティ活動を新たに生成・実行できる段階
　↓
Phase4（システム化段階）　　コミュニティ活動を維持・発展できる段階

援助）と「予防的・開発的サービスを生成・維持・発展するための協働」（二次的・三次的心理援助）とに分けられます。5 つのプロセスとの関連では、「個別事例のための協働」には Phase1（連携段階）・Phase2（協働段階）の発展段階が、「予防的・開発的サービスを生成・維持・発展するための協働」には Phase3（協働活動段階）・Phase4（システム化段階）の発展段階が該当します。

　私たちはこの理論を活用して、所属組織における多職種との関係を振り返り、次に目指すべき方向性を知ることができます。これらの作業は、公認心理師としての仕事のコントロール感を高め、自らを安定させることに役立ちます。

〔2〕Phase0（個人面接段階）
　5 つの発展段階における Phase0 は「二者関係の個別的支援にとどまる段階」です（表 5-2，図 5-3）。表 5-2 はこの段階の特徴を、図 5-3 は坂本（2017b）の典型例を示しました。図 5-3 のグラフは、後述の質問紙を用いた例示です。各段階をイメージするうえで参考にしてください。
　Phase0 における公認心理

表 5-2　Phase0（個人面接段階）「二者関係の個別的支援にとどまる段階」の特徴

多職種と私の関係性
・ほとんど接触がないか、接触しても他人行儀で表面的
・「お見合い」のようなよそよそしさ
・本音よりも建前重視のお付き合い
・過度に好意的、あるいは強い抵抗に遭う
予防的・開発的サービス
・実施しない
中心的な技法
・二者関係による個別的支援

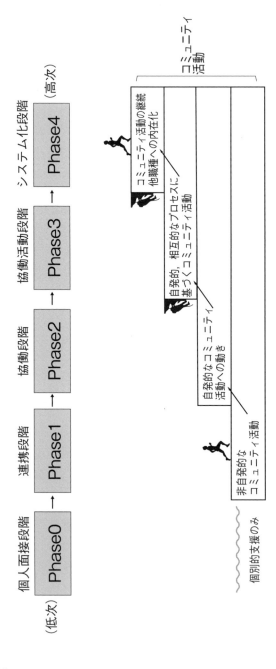

図5-2　協働の発展段階モデル（坂本，2017a をもとに新たに作成）

師は，その職場に参入したばかりの
エントリー段階にあるか，個人カウ
ンセリングの委託契約に近い状態に
あります。公認心理師自身の緊張感
と「見えない相手への警戒や不安」
は 5 つの発展段階のなかで最も高く，
日常的なやりとりにも気苦労が絶え
ません。職場に行って帰るだけでも
疲労感が感じられ，緊張が伴います。
クライエントの情報（来談の有無等
を含む）を多職種に伝えることには
抵抗が強く，消極的な段階です。

　「協働のコツ」との関連では，「面
接室にとどまらない」「自ら動く」
ことが最もできにくい段階といえる

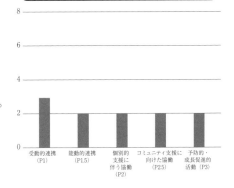

図 5-3　Phase0（個人面接段階）の典型例

でしょう。したがって，Phase1（連携段階）への発展には「面接室にとどま
らない」「自ら動く」というコツをいかに意識して多職種と意思疎通できるか
が重要になります。

〔3〕Phase1（連携段階）

　5 つの発展段階における
Phase1 は「多職種との関係
構築（足場固め）段階」です
（表 5-3，図 5-4）。

　多職種との信頼関係は浅く，
お互いにどのような人物であ
るか未知の状態です。臨床活
動の大部分は個人面接が主体
で，部分的かつ必要に応じて，
多職種との情報共有やコンサ

表 5-3　Phase1（連携段階）「多職種との関係構築（足場固め）段階」の特徴

多職種と私の関係性
・多職種との接触はあるが，必要最低限にとどまる
・本音よりも建前重視のお付き合い
・他人行儀で表面的，「お見合い」のようなよそよそしさ
・「探り合い」の関係

予防的・開発的サービス
・基本的には実施しない
・実施したとしても非自発的，受動的で，その形態は先方
　からの依頼に応じるか，前任者の引き継ぎなど

中心的な技法
・情報共有，リファー，コーディネーション
・単発のコンサルテーション

病院臨床に発展段階モデルを適用する

　精神科病院（300床程度の規模）で働く公認心理師の多職種協働について，「個別事例を中心とした協働」と「予防的・開発的サービスを生成・維持・発展するための協働」を例示します。

個別事例を中心とした協働（Phase1・2）

　患者の抱える心理的問題について医師や看護師と情報共有し，連携して対応する支援。患者の問題行動に困っている看護師のコンサルテーションをすること，医師に必要な心理検査の提案をすることなど，いわゆるチーム医療の取り組みがここに該当します。

予防的・開発的サービスを生成・維持・発展するための協働（Phase3・4）

　患者の不満が絶えない病棟，集団力動の中でいつも同じようなサブグループができて問題となる病棟がある場合，その問題を医師やパラメディカルスタッフと共有し，その解決のために病棟コミュニティを対象とした活動を新たに立ち上げる取り組みがここに該当します。また，公認心理師の視点として，看護師に余裕がないとか医師との診察時間が短いといった環境要因が問題である場合，病棟というシステムを代表する看護師長や病棟医長と何らかの形で話をし，その解決策を考えるような取り組みもここに該当します。例えば，チーム医療の要となるカンファレンスの提案や活性化に向けた参画，困った患者への対応力を上げる心理教育的な職員研修の実施などが考えられます。

　患者への個人カウンセリング，心理療法を行うだけが公認心理師の仕事ではありません。

ルテーションが行われます。Phase0（個人面接）に引き続き，公認心理師は「見えない相手への警戒や不安」を強く経験し，お互いによそよそしさが伴います。

　守秘義務に関する懸念は高く，コンサルテーションを行っても一度きりで終わるか，関係不良な状況のなか，仕方なく行われることもあります。公認心理師自身の視野も狭くなりやすい時期です。多職種と距離を置く理由を，「クライエント（との二者関係）を守るためだ」という理由にのみ帰結させ，自身の内

省を欠いてしまうこともあります。

　Phase2（協働段階）に発展させるためには，多職種と「関係を耕す」意識をもつことです。「見えない相手への警戒や不安」が強く感じられる時期だからこそ「相手の立場に思いを馳せる」ことが大変重要な時期です。多職種や組織システムの価値，行動を「なぜそうならざるをえないか」という観点から捉えつつ，「相手を知る」「組織を知る」「ニーズを探る」を重点的に活用することが望まれます。

> **Phase1（連携段階）の典型例**（坂本，2017b）
> ・雇用形態：非常勤に多い
> ・本人の臨床経験：5 年程度
> ・その組織における勤続年数：3 〜 4 年程度

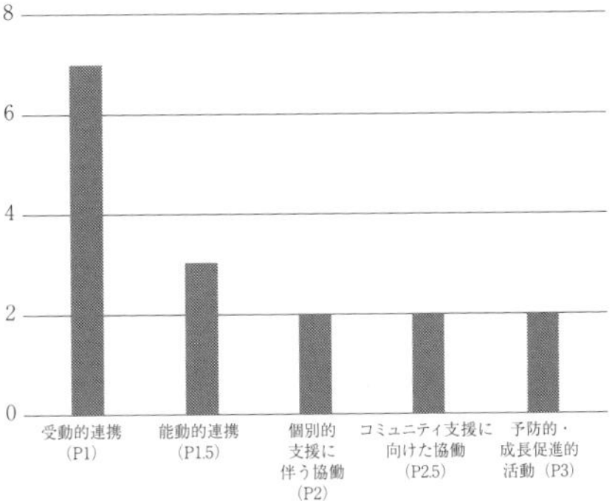

図 5-4　Phase1（連携段階）の典型例

〔4〕Phase2（協働段階）

　5 つの発展段階におけるPhase2 は「多職種との信頼関係ができる段階」です（表5-4，図 5-5）。

　日常的なやりとりやケースをともにした経験から，お互いの信頼関係が構築され，それに基づく臨床実践が行える段階です。多職種との関係は，お互いの人となりや能力，守るべきところ・わきまえておくべきことについてある程度，理解が進んでいます。個人面接を展開するうえでの役割分担ができるようになり，困難

表 5-4　Phase2（協働段階）「多職種との信頼関係ができる段階」の特徴

多職種と私の関係性
・お互いの人となりがわかる，予測のつく関係
・信頼し合い，建設的対話ができる
・情緒的・道具的なサポートとしてお互いを認識できる
・ある程度は本音を開示することができる
・集団守秘の可能性が生まれる
・個別事例の困り事について，お互いを尊重し合う関係の中，知恵を出し合うことができる

予防的・開発的サービス
・基本的には実施しない
・実施したとしても非自発的，受動的で，その形態は先方からの依頼に応じるか，前任者からの引き継ぎである
・依頼されて実施した活動の意義を見出し，新たな活動のアイデアが浮かぶ

中心的な技法
・継続的なコンサルテーション
・コラボレーション

事例にもちこたえられるようにもなります。公認心理師は多職種に対して本音を伝えられる機会が増え，お互いを情緒的・道具的なソーシャルサポートとして認識できるようにもなります。

Phase3（協働活動段階）に発展させるためには，Phase1〜2にかけて耕された土壌に「種をまく」意識をもつことです。良好な関係の中で「私」がどのような人物であるか，何を問題に感じ何を改善したいと考えているかについて，より能動的に伝えることが必要です。本書で述べている「協働のコツ」としては「人となりを伝える」「専門性を伝える」を重点的に活用することが望まれます。

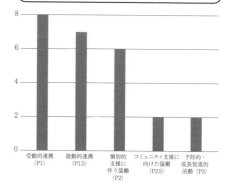

図5-5　Phase2（協働段階）の典型例

〔5〕Phase3（協働活動段階）

5つの発展段階におけるPhase3は「コミュニティ活動を新たに生成・実行する段階」です。多職種と公認心理師が対等な関係性で対話を重ね，新たなコミュニティ活動を生成・実行できる段階です（表5-5，図5-6）。その作業は，Phase2までの信頼関係を前提としたものです。具体的には，①対等な立場からお

表5-5　Phase3（協働活動段階）「コミュニティ活動を新たに生成・実行する段階」の特徴

多職種と私の関係性
- 相互に思いやりをもち，尊重し合える関係
- 対等な立場から建設的な対話ができる
- 支援の目的や解決イメージを十分に共有し，話し合える
- 建前よりも本音のところでつき合うことができる
- 自発的，相互的プロセス
- これまでにない新たなサービスを生成・実行できる

予防的・開発的サービス
- 多職種との対話から，新たなコミュニティ活動がつくり出される

中心的な技法
- 継続的なコンサルテーション
- コラボレーション
- 心理教育・集団的アプローチ，予防的アプローチ

互いの問題意識について率直に対話し，②公認心理師から協働活動に向けた提案をした結果，③それが受け入れられ，新たな協働活動が生成される段階です。

　なお，赴任したばかりの段階で依頼される各種コミュニティ活動は Phase3 の協働活動には含めません。例えば，スクールカウンセラーが赴任早々に研修活動や講演，各種グループ活動を依頼される場合などです。これらは多職種との信頼関係がなくても実施可能であり，公認心理師の能動性も低いことから，現実的には Phase1（連携段階）相当の水準と考えられま

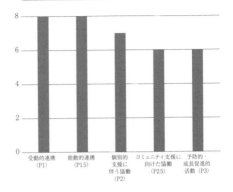

図 5-6　Phase3（協働活動段階）の典型例

す。前任者からの引き継ぎで行う各種コミュニティ活動も同様です。

　Phase4（システム化段階）に発展させるためには，多職種や組織と，「ともに成長させる」意識をもつことです。協働を通して達成された成果や現状の課題，今後望まれるコミュニティ像について多職種としっかり共有することが必要です。協働のコツとしては「相手の立場に思いを馳せる」「支援の方向性を共有する」ことを，さらに高度なレベルで行うことが望まれます。

　「私とあなた」とでつくり出した協働活動はその組織（コミュニティ）にどのような価値を提供したか，「私とあなた」それぞれにどのような価値やインパクトがあったか，新たにできるようになったサービスは何で，今後どのような方向を目指すべきか等を（建前ではなく）本音で共有することができれば，さらなる発展が期待できます。

〔6〕Phase4（システム化段階）

　5 つの発展段階における Phase4 は「コミュニティ活動を維持・発展させる

段階」です（表 5-6）。

Phase3（協働活動段階）を経て生成した協働活動が継続的に実施・ブラッシュアップされた結果，心理臨床的な理念（価値観）がその標的システムに内在化される段階です。多職種との関係は，長い時間をかけて形成されたものであり，揺るぎない信頼関係に基づいています。この段階まで到達すると，本書で述べている「協働のコツ」は自動化され，ごく自然な行為になります。公認心理師は多職種から「仲間」「同志」（そのコミュニティの人）として受け入れられ，また公認心理師自身も組織の一員として認められた感覚をもちます。

スクールカウンセラーや学生相談カウンセラーであれば，「カウンセラー」であると同時に「その学校の教職員」というアイデンティティが違和感なくもてる状態，ある会社に所属する産業カウンセラーならば，「その会社の社員」としてのアイデンティティを違和感なくもてる状態です。

図 5-7 は A さんの勤務する学生相談室（勤続 29 年・正規雇用）に

表 5-6　Phase4（システム化段階）「コミュニティ活動を維持・発展させる段階」の特徴

多職種と私の関係性
・長い時間をかけて構築された良好な協力関係
・「そのコミュニティの人」というアイデンティティの獲得
・組織における「一門の人」という周囲の評価と自認
・勤続年数の長さや職位の向上（管理職になる）に伴い，組織的葛藤が再燃し衝突が増えることもある
・本音≧建前

予防的・開発的サービス
・コミュニティ活動を複数年重ね，ブラッシュアップする
・ひとつの協働活動が終わる場合でも，心理臨床的な価値観の内在化など発展的解消が見込まれる

中心的な技法
・継続的なコンサルテーション，コラボレーション，
・心理教育，集団的アプローチ，予防的アプローチ
・コミュニティ全体へのエンパワーメント

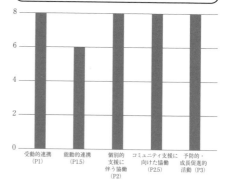

Phase4（システム化段階）の典型例
（坂本，2017b）
・雇用形態：週 5 日勤務（正規雇用の常勤）
・本人の臨床経験：10 年程度
・その組織における勤続年数：8 年程度

図 5-7　学生相談室に勤務する A さんの評定（勤続 29 年・正規雇用）

おける評定例です。評定尺度は全体的に高水準にあり，Phase4 に到達しています。「能動的連携」のみ少し低くなっていますが，インタビューを行ったところ，これは常識的・日常的な関係性の中でごく自然に，コミュニティの一員として情報共有し，お互いの役割を尊重し，協力関係にあることから「あえて行う」ものではない，との納得いく認識に基づく評定でした。

　5つの段階の中では，これまで協働を発展させてきた成果が結実し，「収穫と次世代への継承」が課題になる時期です。しかし，この段階に到達するのは容易ではありません。通常長い年月を要します。特に時間的制約のある非常勤や任期付雇用などの場合，ある種の工夫を重ねることなく到達することはできないでしょう。なお，この段階は勤続年数や状態像に応じて，いくつかに類型化されると考えられます。この点については今後モデルの精緻化が必要です。

3．発展段階モデルの活用法

〔1〕振り返りの手順
　次に，発展段階モデルを用いて実践活動を振り返る手順について説明します。ポイントは次の3点です。
　(1) 対象とする標的システムと多職種（特定の人物）を定める，(2) キーパーソンとなる多職種との関係性をアセスメントする，(3) 多職種との関係性をもとに発展段階を同定し，その妥当性を内省する。
　以下，それぞれについて説明します。

(1) 対象とする標的システムと多職種（特定の人物）を定める
　まず，支援のターゲットとするシステムを定めます。自身の職場全体，例えば30人以下のクリニックや福祉作業所などを1システムとして捉えられる場合は，その1システムについて評定します。組織が大きい場合やまとまりのあるシステムとして捉えやすい場合は，自分の判断で何を対象とするかを判断します。
　例えば，スクールカウンセラーの場合，学校全体を対象に判断する以外の方法として，「3年1組」というクラスを対象とするやり方や，3年生全体という学年を対象とするやり方があります。また，産業分野では「○○事業所」，医

療分野では「○○病棟」などの組織体を1システムとすることができます。あるいは，目的に応じて，特定の専門職集団（医師，看護師，作業療法士など）を一つのシステムとみなして評価することも可能です。

（2）キーパーソンとなる多職種との関係性をアセスメントする

　標的システムを決めたら，そのシステムを代表する人物（キーパーソン）を定めましょう。その人物との関係を基軸に，標的システムと自分自身との関係性を評価します。

　例えば，中学校のスクールカウンセラーが3年1組というクラスを標的システムとしたときのキーパーソンは「3年1組の担任教師」です。3年生全体にアプローチしたい場合は「学年主任」かもしれません。○○事業所の場合は「所長」，○○病棟の場合は「看護師長（主任）」といった具合に，影響力の大きい人物を選びます。医師や看護師など多職種集団全体を想定するときも同じく，院長や看護部長などの人物を選んでください。あるいは医局長や病棟科長など中間管理職との関係性に絞って検討してもよいでしょう。

（3）多職種との関係性をもとに発展段階を同定し，その妥当性を内省する

　標的システムとキーパーソンを定めたら，発展段階モデルと照合しながら実践を振り返ります。その人物との関係性において，お互いの信頼度はどの程度か，本音と建前のバランスはどうか等の点について，表5-2〜表5-6のチェックリストを参考に内省しましょう。

　次に，自身の臨床経験年数やその組織での勤続年数をもとに，発展段階レベルの妥当性を検討します。例えば，坂本（2017b）の調査によるとPhase2（協働段階）までに要する時間は，臨床経験6年程度の人物が，5年程度の勤続年数で達成できる水準です（図5-5）。雇用形態は非常勤でも可能です。仮に自身の臨床経験が10年程度あり，常勤としてその組織に5年間勤務していながらPhase1（連携段階）にとどまるとしたら，一定水準よりもかなり低い水準にあることがわかります。逆に，3年程度の臨床経験で，雇用形態が非常勤であるのにPhase2（協働段階）まで発展していたとしたら，一定水準よりも高い水準にあるといえます。

　ここで重要なのは，発展段階が一定水準よりも高いか低いかではなく，「それがどのような理由により生じているか」です。実践の妥当性はその理由に左右されます。例えば，そのキーパーソン個人の性格特性や不安が著しく高い場合は外的要因が大きくなりますし，自身の臨床アプローチや仕事への積極性といった内的要因が問題となる場合もあります。自分一人の主観的内省だけでなく，第三者やスーパーバイザーなどに状況を説明し評価してもらうことも有用です。

〔2〕発展段階を推測する

　発展段階を推測するには，質問紙を使う方法もあります。初めて振り返りを行う場合は，この方法から試みることをお勧めします。振り返りに慣れてきたら，必ずしも質問紙を使う必要はありません。

　表 5-7 に筆者が開発した尺度を示します（坂本，2017b）。10 の質問に回答するだけの簡単な評定です。この尺度は理論モデルに基づく確証的因子分析を行い，一定の適合度を確認しています（$\chi^2 = 60.61$, $df=25$, $p<.001$, $GFI=.95$, $AGFI=.89$, $CFI=.97$, $RMSEA=.08$, $AIC=120.62$）。質問紙の教示文は「他職種」の記載となっていますが，これは「他の職種」の意味です。「多くの職種」に対して協働的行為を行っているかどうかは問うていません。

　10 項目すべての質問に 4 件法で回答した後，〔受動的連携〕〔能動的連携〕〔個別的支援に伴う協働〕〔コミュニティ支援に向けた協働〕〔予防的・成長促進的活動〕それぞれの因子得点を算出します。1 因子の得点は 2 点から 8 点の間を推移し，得点が高いほど協働的支援行動の頻度が高いことを示します。5 つの因子得点を算出したらその結果をグラフに転記し，全体像をながめて発展段階を評価します。

　各因子と発展段階モデルの対応は表 5-8 に示すとおりです。発展段階モデルの「Phase1（連携段階）」は質問紙の Phase1〔受動的連携〕と Phase1.5〔能動的連携〕に分かれています。「Phase2（協働段階）」は Phase2〔個別的支援に伴う協働〕と Phase2.5〔コミュニティ支援に向けた協働〕に分かれています。したがって，Phase1（連携段階），Phase2（協働段階）を推測する際は，これら下位 2 区分の合計得点を算出し，その割合から発展段階レベルを推定する必要があります。

表5-7　協働の発展段階尺度（坂本, 2017b）

（教示文）

　まず，あなたが所属している組織（職場）を1つ選んでください。すべての質問はその組織についてのみ，回答してください。例えばスクールカウンセラーとして複数校に勤務している方はそのうち1校を決めて回答してください。

　なお，ここでいう協働的支援とは，「所属組織の中で，多職種と公認心理師が協力して行う支援」を示します。具体的には以下の支援を幅広く含むものとお考えください。①多職種との情報共有，②連携・協働，③コンサルテーション，④多職種と協力して企画・実施するグループワークや心理教育（予防教育や成長促進的活動）。

　所属組織におけるあなた自身の協働的支援行動について評価してください。あなたは質問項目に書かれた協働的支援行動をどの程度行いましたか。「まったく行わなかった」（1点）〜「しばしば行った」（4点）の中で，もっともあてはまる番号1つに〇をつけてください。

	まったく行わなかった	あまり行わなかった	少し行った	しばしば行った
1　他職種からコンサルテーションを求められて，それに応じた	1	2	3	4
2　他職種から情報提供を求められて，それに応じた	1	2	3	4
3　必要性を感じて，自分から他職種に連絡してコンサルテーションを行った	1	2	3	4
4　クライエントに関わる複数の他職種に自分から声をかけ，支援のためのネットワークをつくった	1	2	3	4
5　他職種と専門性を尊重しあう関係の中で，クライエント支援にかかる役割分担を申し合わせて支援を展開した	1	2	3	4
6　他職種と専門性を尊重しあう関係の中で，それぞれの強みを生かしてクライエントを支援した	1	2	3	4
7　他職種との良好な関係の中で，必要性を感じて，自分から，予防教育活動や発達促進的活動の提案をした	1	2	3	4
8　必要性を感じて，自分から他職種に声をかけ，この組織が抱える臨床的な問題やその解決について意見した	1	2	3	4
9　他職種と協力して，予防教育的な活動を実施した	1	2	3	4
10　他職種と協力して，成長促進的な活動を実施した	1	2	3	4

　　　　　　　　　　　　　　　　　　　　　　　　　　　　　　　　　得　点

〔受動的連携〕　　　　　　　Phase 1　　項目1＋2　　＿＿＿＿
〔能動的連携〕　　　　　　　Phase1.5　 項目3＋4　　＿＿＿＿
〔個別的支援に伴う協働〕　　Phase2　　 項目5＋6　　＿＿＿＿
〔コミュニティ支援に向けた協働〕Phase2.5　項目7＋8　　＿＿＿＿
〔予防的・成長促進的活動〕　Phase3　　 項目9＋10　 ＿＿＿＿

図 5-8　協働の発展段階を整理するためのグラフ

表 5-8　協働の発展段階尺度を構成する５因子と発展段階レベルとの対応

Phase1 （連携段階）		
・受動的連携	Phase1	連携関係の構築
・能動的連携	Phase1.5	連携から協働に向けた取り組み
Phase2 （協働段階）		
・個別的支援に伴う協働	Phase2	協働関係の構築
・コミュニティ支援に向けた協働	Phase2.5	協働活動に向けた取り組み
Phase3 （協働活動段階）		
・予防的・成長促進的活動	Phase3	協働活動の達成

〔3〕質問紙から発展段階を読み取る

　多職種協働尺度の得点は，協働関係が発展するに従い，低次の発展段階の（Phase1 に近い）得点が高くなり，次に高次の得点が高くなります。

　図 5-9 は B さんの勤務する精神科クリニック（勤続４年・週１日非常勤）における評定例です。低次から高次にかけて数字の序列は Phase1：8点，Phase 1.5：6点，Phase 2：5点，Phase 2.5：4点，Phase 3：2点」と右肩下がりになっています。この場合の発展段階は，下位２区分の合計得点でみれば

Phase1（連携段階）14点，Phase2（協働段階）9点であることから，Phase1（連携段階）に軸足を置いていることがわかります。しかし，部分的にPhase2（協働段階）の得点も高い点で，個別支援に伴う協働は可能な状況と推測されます。つまり，日常的な関係をもとに，個別事例においては協働可能な段階にあるが，新たな協働サービスを生成できる域には到達していないと推定されます。このように，自分自身の得点分布をみて，まずはその職場における発展段階レベルを評定してください。

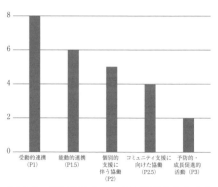

図5-9　精神科クリニックに勤務するBさんの評定（勤続4年・週1日非常勤）

なお，グラフの形は常に右肩下がりになるとは限りません。図5-10はCさんの評定例です（少年鑑別所，勤続7年・正規雇用）。Cさんの得点の序列は「7・3・7・3・5」とW型を示しています。発展段階としては高次段階の「予防的・成長促進的

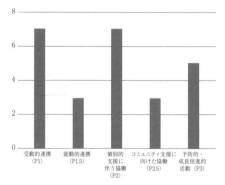

図5-10　少年鑑別所に勤務するCさんの評定（勤続7年・正規雇用）

活動（P3）」が高めの得点である割に，「能動的連携（P1.5）」と「コミュニティ支援に向けた協働（P2.5）」は低値を示しています。

　これについてCさんにインタビューをしたところ次のような回答が得られました。能動的連携（P1.5）が低い理由は，Cさんの勤務する職場は専門職集団（法務技官）であるため守秘の懸念がなく日常的に情報共有が行われており，自ら能動的に発信する必要はないとのことでした。コミュニティ支援に向けた協働（P2.5）が低い理由は，地域社会への啓発，講演活動は先方とのやりとりを踏まえて行っているが，これらの業務はすでに定型的な業務になっており，

自ら積極的に働きかけ，提案する性質のものではないとの理由からでした。

　こうした納得のいく理由がある場合は問題ありません。しかし，例えば「3・2・2・3・8」のように右肩下がりから極端にずれるような場合，しかも合理的な理由が見当たらない場合は再評定が必要です。この結果を数値どおりに読むならば，多職種との日常的な関係性は薄く，個別事例の効果的な協働関係も構築できていない，しかし予防教育的活動だけは行っていることになります。この場合，発展段階レベルは高次の Phase3（予防的・成長促進的活動）に到達していると推定してよいでしょうか。

　右肩下がりのグラフにならない場合，まずは「協働」の定義（p.26 参照）を再確認したうえで，次の事項を中心に自己点検してください。

・協働の定義「両者が対話を重ねるなかで」という側面は本当に実行されていたか？
　　→単に依頼されて応じた活動はここに該当しません。
・協働の定義「他ならぬその個人（クライエント）やその組織（部署・集団等）の課題を見出し」という側面は，本当に十分だったか？（他職種や組織と「援助活動の目的を共有」するための相互作用があり，両者が目的を意識し，「それを実現するため」の活動であったか？）
　　→主に個別事例の積み重ねから問題意識をもち，それを解決しようと多職種と一緒に企画した活動でなければここに該当しません。
・その活動は，既存のサービスではなく，対話を通してカスタマイズされた「新たな援助サービス」であったか？　また，「ともに計画・実行」したといえるか？
　　→異なる専門性が相互に出し合われる形で協働活動が生成されていなければこの段階には該当しません。

　これらの観点から再評定すれば，実際には低次段階にとどまることがほとんどです。なお，例示した「3・2・2・3・8」という序列で，かつ上記の自己点検の結果「否」が多いようであれば，Phase1（連携段階）程度の発展段階と評定するのが妥当です。

〔4〕質問紙を使うときの留意点

協働の発展段階尺度（表5-7）は
あくまで「その組織における協働的
支援行動」を測定するツールです。
公認心理師個人のパーソナリティ
を測定しているわけではありませ
ん。したがって，同じ公認心理師
であってもある職場では低い発展
段階（Phase 0〜1）を示し，別の
職場では高次の発展段階（Phase3）
を同時期に示す可能性があります。

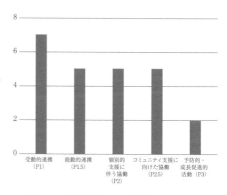

図5-11　学生相談室に勤務するBさんの評定（勤続1年未満・正規雇用）

例えば，図5-11は先に示したB
さんの転職直後（3か月時点）の評定です。図5-9と比べてみてください。同
一人物でほぼ同時期の評価ですが，精神科クリニックに比べて学生相談室のほ
うがグラフの形は高次段階にあります。Bさんの場合，精神科クリニック勤務
は週1日，カウンセリング中心の業務であったのに対し，学生相談室では専任
職員になり，コミュニティ活動も行っていることが影響しています。

また，評定の対象とする「部署（もしくは代表する特定の人物)」によって
も結果は異なります。あるスクールカウンセラーが「1年2組（担任教師)」
を対象にした評定と「3年4組（担任教師)」を対象にする場合などです。

発展段階モデルは，自身の実践活動の内省を第一の目的としているため，評
定得点は目安にすぎません。実践活動の中で今できていること，できていない
ことは何か。グラフが右肩下がりを示さない理由は何か。その理由は妥当かと
いった点について，5段階モデルというひとつの理論（仮説）に照らして実践
を見直す機会です。その内省プロセスこそが，有意義な協働実践につながると
考えてください。

〔5〕発展段階を同定し，今後の課題を知る

質問紙によりおおよその発展段階を推定したあとは，それぞれの発展段階の
内容を確認します。質問紙の得点序列の中で，得点が下がる直前の発展段階，も

しくは4点以下の得点の直前の発展段階の説明を読み，尺度に示されたレベル（表5-8）と発達段階モデル（表5-2〜表5-6）に書かれた説明との合致度を振り返ってください。合致しない場合はどのような点でそう思うかを，一度時間をとり，ゆっくり検討しましょう。発展段階モデルの典型例（図5-3〜図5-7）と自分自身がどの程度合致しているかどうかも，振り返りのポイントです。

4. おわりに

本章では，多職種協働の発展段階モデルを紹介しました。繰り返しになりますが，5段階モデルの目的は，公認心理師が自らの協働実践を振り返り，自身の置かれた状況に応じて「妥当な実践といえるか」という観点から内省すること，次に目指すべき方向を確認することにあります。

発展段階モデルは実践の方向性を示唆する点で有用ですが，必ずしも高次段階（Phase 3・4）に到達することを求めているわけではありません。繰り返しになりますが，実際にはPhase2（協働段階）やPhase1（連携段階）にとどまることが妥当な現場も多数あります。

例えば，公認心理師がどんなに協働活動が必要だ，協働活動をしたいと思っていても（Phase3を目指したい意図があったとしても），非常勤で勤務日数が少ない職場や一人職場の場合，あるいは孤立無援の状況に置かれているような場合，高次段階まで発展させることは困難なことがあります。その他，1日の勤務時間のほとんどすべてが個人面接で埋まるような職場，それが定型業務となり自身のコントロールができない職場，個人面接に追われてコンサルテーションの時間もとれないような職場もあります。こうした職場も環境要因が大きいといえるでしょう。

それでは，以上のような「協働したくてもできない職場」に身を置いた場合でも，無理をして協働を発展させるべきでしょうか。一個人としての善意や奉仕の精神から，協働活動に向けた作業を進めるべきでしょうか。これには総合的な判断が必要です。例えば，その作業に要する業務時間（時には時間外労働）はどの程度か，それは「業務」として現在の管理職（上司）に理解を得ることが可能か，勤務時間が長くなる，業務負荷が増加することで自身の心身の

健康は保てるか，といったことです。多職種協働は確かに重要ですが，それを
するために毎回数時間もの時間外労働が常態化するようでは別の問題が生じる
リスクも高まります（坂本，2019）。公認心理師としてのバランス感覚が高度
に求められる判断です。

　それでは，「協働したくてもできない職場」であればもはや仕方がないと，
問題を傍観してもよいでしょうか。環境要因が大きいからと，問題を放置して
よいのでしょうか。これもまた極端な考えのように思います。クライエントへ
の個別的支援に置きかえて考えてみてください。クライエントの問題が困難だ
からとそれを認識しない，無視するでしょうか。公認心理師であれば，目の前
にある困難な問題を把握しながらも，今できる範囲で前に進めるような手立て
をともに考えるのではないでしょうか。多職種協働も同じです。今は難しくて
も，問題は問題として冷静に受け止め，どこかのタイミングで改善に向けた手
立てを考えたいものです。

　5段階モデルは，以上のような現場の困難や限界を理解したうえで，「協働
したくてもできない職場」に中・長期的な視点をもつことを提案しています。
中・長期的な視点をもつと，課題は整理しやすくなります。

　協働もできないほどに多忙であるならばその理由は何でしょうか。業務分担
や人員配置の問題であればそれを改善する手立てやプロセスはどのように考え
られるでしょうか。それを実現するためには，誰とどのように協働していくべ
きでしょうか。中・長期的な視点をもち，具体的に考えることで，次に目指す
べき方向性が見えてきます。その際の課題は，たいてい一朝一夕で解決する問
題ではありません。不安定な雇用形態に身を置き，困難な状況のなかで孤軍奮
闘している公認心理師を筆者はたくさん知っています。

　筆者はこうした「協働したくてもできない職場」に身を置く公認心理師が，
自罰的／他罰的になりすぎない範囲で，見通しをもち，前向きな気持ちで臨床
活動を展開できるようになることを願っています。そして，それを実現する技
術を公認心理師が身につけることは，今後ますます重要になると考えます。公
認心理師の職場は多岐にわたるうえ，非常勤など組織的立場が安定しないこと
が多いからです。公認心理師のセルフケアや倫理的実践（金沢，2006）といっ
たテーマとも関連深い技術です。

協働の発展段階モデルがその一助になれば幸いです。

コラム 12　「協働の発展段階モデル」の開発経緯

　「協働の発展段階モデル」は，2005 年から 12 年間，3 つのフェイズを経て開発されました。

　第一フェイズ（2005 ～ 2009 年）では，協働の理論的整理に加えて，チーム医療，スクールカウンセリング，労働者の復職支援における多職種協働の実践研究を行いました（坂本，2005，2006a，2006b，2006c，2007；坂本・廣澤・山本ほか，2006，2007）。

　ここでは，病院で働く臨床心理士が，医師，看護師，作業療法士，精神保健福祉士，臨床検査技師からなる多職種チームの一員としてどのような役割と機能を果たすか，学校で働くスクールカウンセラーが，教師や管理職とどのように学校全体の問題を共有し，それを生徒指導に活かすことができるか，を中心的に検討しました。また，労働者への心理支援では，精神科病棟における復職支援プログラム，デイケアの復職プログラム，外部 EAP における実践から協働のあり方を検討しました。

　第二フェイズ（2010 ～ 2015 年）では，大学の学生相談における理論的整理と実践を行いました。さらに，多職種協働に関する質的研究を行い（坂本，2012，2013a，2013b，2014），仮説モデルを生成しました。ここでの多職種とは，大学内の教職員（教務課や就職課などの事務系組織，学科教員やゼミ担当教員など教育系組織のメンバー）でした。これらのメンバーとの相互作用を通して，①多職種協働が公認心理師としていかに職業的発達を遂げるか，という発達モデル，②多職種協働に伴う困難と対処を検討しました。

　特に，公認心理師が多職種協働に困難を感じる場合，「問題を共有できない」という主観的体験をしていること，「問題を共有できない」困難に有効な対処方略は，①日常的に教職員と関係構築し，目的を共有できる仲間づくりを行う「安全基地の強化」，②わかってもらえなくてもすぐに腹を立てず，感情的な中立性を保ちながら現状分析と次の一手を考える「間合いをはかる」に集約されることを明確に

しました。これらの対処方略を用いるか否かが，事例の成功と失敗を分かつ要因になっていたのです。

　そして，以上 2 フェイズの研究知見を統合した仮説モデルを作成しました（坂本，2015）。協働の発展は 5 段階から構成されていること，各段階の特徴と困難への有効な対処をモデル化したうえで，多職種協働は，公認心理師の意識と努力により段階的に発展させられることを明らかにしました。

　第三フェイズ（2016 〜 2018 年）では，仮説モデルの実用化を目指して，質的研究，量的研究により 5 段階モデルの検証と修正を行いました（坂本，2017a，2017b，2018）。質的研究では，モデルをもとに心理職にインタビュー調査を行い，自身の体験がどの程度説明できるかを検討しました。量的調査では，心理職への質問紙調査を行い，多職種協働の発展パターン，段階ごとの臨床経験や在職年数，雇用形態の特徴について典型例を見出しました（図 5-3 〜図 5-7）。

　本章において紹介した発展段階モデルは，以上の手続きを経て提出された最終モデルです。

徳田智代の場合

1.“協働”以前

　“協働”を意識した最初の体験は，Ｚ大学学生相談室で専任カウンセラーとして勤務した年に遡ります。しかし改めて振り返ってみると，それ以前から“協働”といえるような動きをしていたことに気づきます。

　大学院生時の研修先の一つは小さなクリニック（週1日）でした。心理職（筆者）も看護師も作業療法士もスタッフの一員として，さまざまな業務をこなしていました。患者さんの状態のアセスメントや与薬については，看護師の仕事を間近に観察し，デイケアの際は作業療法士に教わりながら患者さんに関わっていました。開業したばかりのクリニックということもあり，スタッフの団結力は強く，研修生の私もスタッフの一員として扱ってもらい，仕事の後は一緒に食事に行く機会がしばしばありました。同時期の教育委員会での仕事（週1日）では，教員と適応指導教室を立ち上げる作業を進めていました。ここでも心理職の立場には固執せず，できることは何でもやる姿勢で動いていました。“心理職の立場には固執せず”と述べましたが，固執できるほどやれることもなく，初めての心理臨床の場で，せめて何か役に立ちたいという思いで動いていたように思います。今考えると，心理職の前に，支援システムの一員という意識のほうが強かったのかもしれません。

　その後，20代後半にスクールカウンセラーとして勤務した中学校（週半日）では，職員室の中に机を置いてもらい，予約が入っていない時間帯は多くの先生方とコミュニケーションを図り，おしゃべりをしたり，先生方のちょっとした愚痴を聞いたりしていました。また，先生方の食事会に誘っていただいたり，地元の名所旧跡に案内していただいたりしたこともありました。後に“職員室の中にいるだけで安心感があった”と言われ，20年を経た今でも電話がかかってくることがあります。同時期に兼務していた二つの病院（それぞれ週半日程度）では，同世代の研修医や看護師はまさに戦友のよう

な存在で，一緒に食事に行っては夜遅くまで治療や支援についての話をしたり，臨床での悩みを相談し合ったりしていました。ベテランの医師や看護師とも仕事の後に病院に残って，患者さんの話からプライベートな話まで，さまざまな話をしていました。

当時は"協働"という言葉は知りませんでしたが，今考えると，学部生の頃から家族療法を学び，集団の中のメンバー同士の関係性や相互作用に関心があったことが影響したのかもしれません。

2. "協働" 第一歩

Ｚ大学学生相談室が開設された 30 ＋ α 年後に，私は初めての専任カウンセラーとして配置されました。大学の期待は大きかった一方，私自身は学生相談室で働くのはほぼ初めてでした。漠然と"専任として相談室のシステムをつくる必要がありそうだ"と思ったことと，"一人職場だから，周りの人にいろいろ教えてもらうしかない"と思った記憶があります。

学生課長，各係長とは，自由に率直に意見交換することができました。"それぞれの専門性や役割は違うが，一緒によりよい学生支援の方法を見つけていきましょう"という気持ちだったように思います。それは，各人がかなりオープンに大学の現状や困っていることについて話してくれたことが大きかったのかもしれません。"学生が充実した大学生活を送っていくことができるよう，できるだけ支援をしていきたい"という同じ思いをもっていることをお互いに感じ取ったためかもしれません。もしくは，私の必死に聴こうとする姿勢が伝わったのかもしれません。心理職の前に一学生課職員としてやれることは何でもやろうという意識で動いていたことが功を奏したのかもしれません。

そして，協働を意識することによって，一人ではとても支援できないケースでも一緒に支えてもらっている安心感をもつことができました。また，各課の窓口でとても誠実に対応してもらっていることにより，相談室での面接がスムーズに進められることにも気づきました。それぞれの専門性を尊重し，お互いの考えを丁寧に聴きながら一緒に考えることによって，一人ではできないことが可能になり，私も職員も専門性を活かして働くことができるよう

になりました。その結果，私はとても楽になり，学生への支援自体もうまく
いくことが多かったように思います。日々の臨床の中で協働の力を実感する
ことができました。私は協働によって支えられ，育てられたと感じています。

3. "主体的受け身" の姿勢

　では，私自身は協働に向いているのでしょうか？　決してそうは思いませ
ん。初対面の人と関わるのはあまり得意ではないし，初めての場所に行くの
は緊張します。人前でしゃべるのは苦手で，周りを引っ張っていくタイプで
もありません。一個人としては，一人でコツコツやることのほうが好きです。
　しかし，Ｚ大学での仕事で，学生にとっても，自分にとっても，教職員
にとってもプラスになり，Win-Win になる "協働" の凄い力を体験したら，
抜け出せなくなってしまいました。自分のシャイネスの高さを自覚している
から，積極的に関係を築いていこうと努めているように思いますし，引っ張
っていくタイプではないから，黒子として役割を果たせたらいいなと思いま
す。ペラペラしゃべれないから，せめて相手の困りごとやニーズをよく聴こ
うと思います。そして，相手に教えてもらおうと思います。そうしているう
ちに相手が教えてくれたり，手伝ってくれたりするようになります。そうす
ると，自分一人ではとても乗り越えられなかったことが，乗り越えられるこ
ともあるのです。そして，嬉しさや楽しさは何倍にもなることを実感してき
ました。
　恩師は私のこのような姿勢を "主体的受け身" と名付けられました。"受
け身でいることを主体的に選んでいる。その際，カウンセラーが受け身でい
られるようにさまざまな準備を怠らず，用意周到である" とのこと。用意周
到といえるかどうかはわかりませんが，さまざまな準備は行っているように
思います。
　皆さんがもし社交的でなくても，リーダータイプでなくても，一人でコツ
コツタイプでも，ぜひ一度協働を試してみて，その効果を実感してもらえた
ら……と願っています。

1. 私の協働の原点

私は思春期から30代前半頃まで，音楽活動に多くの時間を費やしてきました。吹奏楽，オーケストラ，ギター，歌などを通して人と力を合わせ，ひとつのパフォーマンスをつくり上げる経験が，私の協働の原点です。

私にとって「うまくいく協働」とはどのような状態か。音楽をやってきた感覚でいえば，それは「聴きごたえのある演奏」です。さまざまな年齢や性別，演奏技術をもったプレイヤーが混在するなか，それぞれの個性は光りながらもぶつかりすぎず，楽曲としてまとまりがよい演奏です。このような演奏に出合ったとき，私は本当にワクワクします。

他方，「うまくいかない協働」を音楽に例えるなら「つまらない演奏」です。聴きごたえのある演奏とは逆に，プレイヤーの個性（主義・主張）が折り合うことなく平行線であったり，お互いに気をつかい過ぎて牽制し合っていたりするような演奏です。クラシックやポップス，ロックといったジャンルや，演奏者自身のテクニック水準はほとんど関係ありません。技術的に長けたプロでも退屈な演奏はたくさんありますし，技術的には未熟な中学生・高校生の演奏に心躍ることもあります。

私は，できれば一回でも多く聴きごたえのある演奏に出合いたいです。そして，自分もそのようなパフォーマンスができる人物でありたいと願っています。

2. 臨床経験から

心理職として仕事をするなかでは，次のようなことを感じてきました。

① 病院や学校，会社にいる方々との何気ない挨拶や雑談が，心理臨床の場を形づくっている。

② 多職種の役割葛藤に思いを馳せ，うまくいかないときも単に「悪者」にしないことが大事。

③ 信頼関係ができたあとは，おっくうがらない。自分から「一歩踏み込んだ」提案をすることが大事。

④　事務処理能力や“根まわし”の技術は「臨床の力」である。

⑤　平易な言葉でわかりやすく説明できることは「臨床の力」である。

⑥　「雇われている」という社会的立場を自覚し，それに応じたふるまいができることは「臨床の力」である。

3. 学生オーケストラ指揮者の経験から

以上の気づきは，思えば心理臨床の道に進むずっと以前，大学時代の頃から感覚的にもっていたように思います。主には，大学オーケストラの指揮者経験が思い出されます。

学生指揮者の主要な仕事はタクトを振って合図を出し，合奏を進め，「合わせ」の音頭をとることでした。しかし，実のところは，合奏以外の時間（関わり）のほうがむしろ重要だったのです。合奏の数日前から，また日常的に，楽団員と信頼を深め，意図を伝えやすい・伝わりやすい関係を築くことなしに，効果的な合奏練習はできません。

当時，大学生だった私がどれだけ明確に意識していたかはわかりませんが，実際の行動としては，できるだけ多くの団員と会話するようにしていましたし，合奏練習の際は各楽器の特色に十分思いを馳せ，言葉を発するようにしていたと思います。

例えば，音符の多い譜面を tutti（オーケストラ全体）で演奏する場合，同じフレーズでも楽器の特性から難易度に差が生じることがあります。普段から主旋律を担当することの多い弦楽器や木管楽器には簡単なフレーズでも，副旋律やリズムなど異なる役割をとることが多い金管楽器にとっては困難なことがあります。つまり，簡単に演奏できる楽器群はテンポが早くなり，そうでない楽器群は遅れる，という乖離が生じます。こうした事態は，たいてい楽団員のフラストレーションを増大させます。自分が簡単にできることをできない人がいた場合，「もっとこうしたらいいのに」「あまり練習してないんじゃないか」という陰性感情が喚起されやすくなります。

指揮者はこうした事態に対処する必要があります。私の場合，各楽器の特性を念頭に置きながら合奏を進めるようにし，オーケストラ全体に向けて言葉でその現象を説明したり，その楽器ならではの難しさを強調（代弁）した

りすることで調整していました。

　以上のような事態は，臨床の中でも珍しいことではありません。医師やカウンセラーには簡単にできることが看護師という立場になると難しい，ということはよくあります。役割や立場により「やりやすさ」は異なるのです。ここで「なぜできないの」「あの人はダメだから」に終始するほど生産性の低いことはないと私は思います。

4. 部活の運営経験から

　学生オーケストラの指揮者は，部の運営にも大きく関与する存在でした。学年が上がり，楽団員とよい関係が築けてきたタイミングで私は「新たにコンサートを立ち上げないか」と提案したことがありました。100名を超える団員数，アルバイトや学業に忙しい学生が多いなか，こうした「一歩踏み込んだ」提案はたいてい不評を買うものです。私はそれがオーケストラ全体の活性化に役立つと考えていたので，思い切って提案してみたのです。

　どのように話を進めたかといえば，まずはパートリーダー（各楽器の責任者）に，個人的に考えを話すところから始めました。そこである程度の同意が得られてから全体に提案する流れをとったため大きな抵抗は生じませんでした。全体会議の場でいきなり提案しても受け入れられなかったかもしれません。コンサートの実施過程では，学内関係者との折衝やプログラム作成など事務作業も多く発生しました。しかし，メンバーの合意が得られた後のことだったので，楽団員からの助力を得ることができましたし，最終的にコンサートは盛況に終わりました。あれからおよそ20年が経過しようとしていますが，この時に立ち上げたコンサートは現在も続いていることを最近知り，大変驚きました。

　こうした学生時代の経験は，臨床心理士・公認心理師としての私，協働を大切にしようとする私に大きく影響しています。

隅谷理子の場合

1. 私の協働の原点

　私にとって"協働"の魅力は，「一人では成し得ぬ複数の力」です。臨床実践の中で私はそれを実感する場面にも遭遇していますし，その喜びがあるからこそ，やりがいにつながっているものと思っています。山本和郎先生がコミュニティ心理学を日本に紹介した著書のはしがきに「悩める人への援助は専門家一人でやり得ているものではない。地域社会の様々な人々の連携の中で本来の援助ができるのだ」（山本，1986）と記しています。その本来の援助とは何なのか。一人でできることは限界がある，複数で力を合わせることで何かが生まれるだろうという協働の発想をさらに深めたい，というのが今の私の興味です。

　そもそも"協働"に興味をもった私の原点は何だろうかと紐解いていくと，おそらく音楽大学の学生時代のピアノデュオ（piano duo）の体験が大きいと思います。デュオとはピアノ2重奏であり，一般的には，2台のピアノを二人の奏者が弾くものを指し，いわゆる独奏とはまた趣が違います。2台ならではの掛け合いと協和する倍音に，独奏では得られない感覚を覚えます。その時に体感できたのが，二人になることで責任が分散され得られる自由，二人の間合いから得られる呼吸でした。表現の幅が厚くなった覚えがあります。

　心理臨床に関わるようになり，さまざまなシステムに出会うことで，あのデュオで得られた協働の魅力と効用は，心理臨床現場にも応用できると考え，また，現場自体も求めているだろうと確信するようになりました。デュオを思わせる家族療法のCo-therapyは，私にとっては協働による小さなコミュニティ支援です。そしてより大きなシステムである企業において職場復帰支援に家族合同面接やCo-therapyの技法を取り入れたいという発想は，一人で成し得ない"協働"を実践していくためにたどりついたものなのです。

2. 協働スタイルからの創造

　どのようにしたらシステム自体の力を引き出せるのか。固着化したシステ

ムにどうしたら変化をもたらすことができるのか。これは，心理臨床に携わる中での私の命題でした。システムは，つくり上げられた歴史や文化があるために，簡単に変化するものではありません。ましてやまだ経験の浅かった私にとって，大規模のシステムを扱うことは困難を極めました。そのなかで，家族療法の Co-therapy の体験は，私に大きなヒントをくれるものでした。複数で構成されたクライエントに，男女の公認心理師で関わると，必然と性役割の違いやペアでの関係性が生じ，それらがクライエントとの関わりを促進します。公認心理師自身がもつ役割と責任が一人ではなく二人になることで自分の役割を自由に担うことができ，相手をフォローしながら支援者の独りよがりになることも防ぐことができます。例えば，男性の公認心理師が夫を，妻を女性の公認心理師が共感する，そのような関わりは家族それぞれに公平な肩入れをもたらします。そういう点から考えても役割の異なる支援者が関わることはクライエントをエンパワーしやすいのです。

　職場復帰支援においては支援関係者になる人は複数いて，人事担当者，そして職場の管理監督者，産業医，公認心理師などそれぞれに役割をもちます。その関係者間のつながりが本人とその環境を支えることができるのではないでしょうか。特にキーパーソンになる人事部と職場の管理監督者が公認心理師とともに産業医の監修のもと個別に支援をしていくことは重要です。公認心理師は，個々のストーリーをじっくりと聴き，心理的テーマの理解，心理的アセスメントを得意としますがそれを人事部が担うことはできません。逆に，公認心理師は，業務上の対応や異動等の人事に関すること，環境調整などはできません。さらに医療的な判断は，産業医にしか担えないのです。支えられるクライエントにとっても，一人に支援されるより，受ける影響も変化の可能性も大きく生じるのではないでしょうか。さまざまな関係者が本人のために関わることができた時に，本当の協働による支援は成立するのではないかと思うのです。

　退職に至ったある従業員の家族が言った言葉を思い出します。「こんなに何度も休職を繰り返していて，家族はずっと辞めればいいのにと思っていました。でも，息子はこの会社に戻りたかった。忙しい部署だと聞いていたので，なぜなのかわかりませんでした。今振り返ると，おそらく職場に"何

か"があったのだと思います。職場の人にあたたかく接してもらった経験は，息子にとって貴重な体験だったと思います。それを支えに，息子は生きていけると思います」。これは，数年にわたり休職と復職を繰り返した慢性うつ病者のご家族から，退職時にいただいた感謝の言葉です。経営層，人事部，上司，産業医，公認心理師が，ともに，事業所でできる範囲でどのような仕事を社内で用意できるか，どのような復帰プロセスが本人にとってスムーズなのか等をとことん話し合い，実践し，修正しながら進めた，関係者は悩みぬいた事例でした。その協働の過程において，病気の事情を理解して，できることを考えていきたいという思いやり，人に認められることや人に役立つことを本人に体験させてあげたいという配慮が，関係者や職場内に生まれていったのです。しかし最終的には，会社組織であるということと本人の安全を確保することを考慮して退職という判断に至りました。適切な判断とはいえ，関係者は辛さや悲しさ，無念さを抱きました。ただ，これらの気持ちが少しでも本人に伝わり，今後の生きていく光になってくれたならそれだけで意味があるのではないかと判断したのです。そして，職場に生まれたつながりを一人ひとりが大切にできるようになれば，それだけでも組織にとって大きな第一歩だと考えたのでした（隅谷，2010の一部引用）。

　このように，複数の力が協働的に関わっていくと，個人の力はもちろん，思わぬところでシステムの底力を感じることがあります。小さな影響が変化を及ぼし，その積み重ねは，大きな力になっていきます。その大きな力はさらに新たな動き，さらなるナラティブを生むことにつながるのです。それが，協働で支援をしていく醍醐味なのではないでしょうか。もしかしたら協働とは，きわめて創造的な活動なのかもしれません。

文　献

〔序　章〕

近藤孝司・長屋佐和子（2016）．関係性の観点からみた，心理臨床家の専門職アイデンティティの発達　心理臨床学研究，34，51-62．

厚生労働省中央労働災害防止協会（2010）．改訂　心の健康問題により休業した労働者の職場復帰支援の手引き　中央労働災害防止協会

日本学生支援機構（2007）．大学における学生相談体制の充実方策について――「総合的な学生支援」と「専門的な学生支援」の「連携・協働」――

齋藤憲司（2010）．学生相談の理念と歴史　日本学生相談学会50周年記念誌編集委員会（編）　学生相談ハンドブック　pp. 10-29，学苑社

下山晴彦（2007）．近年の大学の変化と学生相談の役割　精神療法，33，541-546，金剛出版

下山晴彦（2017）．チーム医療において活躍できる公認心理師教育に向けて　精神療法，43，781-783，金剛出版

上田麻美・下山晴彦（2017）．心理職をめぐるチーム医療の現状と課題　精神療法，43，784-789，金剛出版

〔第1章〕

藤川麗（2007）．臨床心理のコラボレーション――総合的サービス構成の方法　東京大学出版会

東豊　武長藍（イラスト）（2018）．マンガでわかる家族療法　p. 35，日本評論社

平木典子（1998）．シリーズ「心理臨床セミナー」②　家族との心理臨床――初心者のために　垣内出版

野末武義（1999）．ジョイニング（joining）　日本家族心理学会（監修）　岡堂哲雄・国谷誠朗・長谷川浩・花沢成一・平木典子・亀口憲治・大熊保彦（編集）家族心理学事典　p. 166，金子書房

〔第3章〕

秋丸貴子・亀口憲治（1988）．家族イメージ法による家族関係認知に関する研究　家族心理学研究，2，61-74．

青木多寿子・中富尚宏・徳田智代・森本篤（2019）．効果的なチーム支援を引き出すカウンセラーの関わり方――システムとして機能するチームをつくるために　岡

山大学大学院教育学研究科研究集録，170，41-50.

藤川麗（2012）．教職員との協働に基づく学生相談へ　下山晴彦・森田慎一郎・榎本眞理子（編）学生相談必携 GUIDEBOOK――大学と協働して学生を支援する　pp. 40-54，金剛出版

羽藤邦利（2001）．学生相談と精神医学（講演記録）　学生相談研究，22，131-149.

亀口憲治（2000）．家族臨床心理学――子どもの問題を家族で解決する　東京大学出版会

亀口憲治（2003a）．家族と心理アセスメント　臨床心理学，3，470-476.

亀口憲治（2003b）．家族のイメージ　河出書房新社

中坪太久郎・新谷侑希・坂口健太・塩見亜沙香・亀口憲治（2006）．家族イメージ法（FIT）を用いた質的研究法の開発　東京大学大学院教育学研究科紀要，46，227-238.

柴崎暁子・丹野義彦・亀口憲治（2001）．家族イメージ法のプロトコル分析と再検査信頼性の分析　家族心理学研究，15，141-148.

システム心理研究所（2014）．FIT（家族イメージ法）簡易版

システム心理研究所（編）亀口憲治（監修）（2003）．FIT（家族イメージ法）マニュアル　システムパブリカ

丹治光浩（2004）．連携の成功と失敗　丹治光浩・渡部美沙・藤田美枝子・川瀬正裕・大場義貴・野田正人　心理臨床実践における連携のコツ　pp. 3-28，星和書店

徳田智代（2006）．常勤カウンセラー配置による教職員との連携・協働関係の形成　学生相談研究，27，25-37.

徳田智代（2012）．「FIT（家族イメージ法)」を活用した学生相談室と教職員との協働関係の見立て　学生相談研究，33，151-163.

徳田智代（2015a）．「SIC（Systematic Interdisciplinary Collaboration：組織的な異職種協働）を基盤にした学生支援システムの構築――学生相談カウンセラーを中心に――　広島大学博士論文（未公刊）

徳田智代（2015b）．学生相談カウンセラーと教職員との連携・協働の内容に関する探索的研究　久留米大学心理学研究，14，47-55.

徳田智代（2018）．学生相談カウンセラーと教職員との連携・協働関係構築の工夫　久留米大学心理学研究，17，71-77.

徳田智代・牛尾幸世（2015）．学生相談室と保健管理室との連携・協働による学生支援への効果――新入生健康診断の実践を通して――　久留米大学心理学研究，14，83-91.

鶴田和美（2001）．学生のための心理相談──大学のカウンセラーからのメッセージ 培風館

〔第4章〕

アンデルセン，T.／鈴木浩二（監訳）（2015）．リフレクティング・プロセス──会話における会話と会話 =*Refrecting Processes* 金剛出版（Andersen, T., 1991, *The reflecting team: Dialogues and dialogues about the dialogues*, NewYork: W.W. Norton & Company）

ベック，A. T., スティアー，R. A., & ブラウン，G. K.／小嶋雅代・古川壽亮（訳）（2003）．日本版 BDI- Ⅱ 手引き 日本文化科学社

Caplan, G.（1974）．*Support systems and community mental health: Lectures on concept development*, Pasadena, CA, US: Behavioral Publications.

Caplan, G. & Caplan, R. B.（1999）．*Mental health consultation and collaboration*, San Francisco: Jossey-Bass Publishers.

Charles C. H., David G. F. & Kathleen Briggs.（2001）．Impact of co-therapy teams on client outcomes and therapist training in marriage and family therapy, *Contemporary Family Therapy*, 23, 63-82.

藤川麗（2007）．臨床心理のコラボレーション──統合的サービス構成の方法 東京大学出版会

平木典子（2009）．改訂版 アサーション・トレーニング──さわやかな〈自己表現〉のために 発行／日本・精神技術研究所 発売／金子書房

平木典子（2020）．新・カウンセリングの話 朝日新聞出版

児島達美（2013）．システムモデルによる産業メンタルヘルス活動 2 臨床編 第1章 領域ごとの臨床実践 第7節 産業メンタルヘルス領域 日本家族研究・家族療法学会（編）家族療法テキストブック pp. 235-238, 金剛出版

厚生労働省（2009）．心の健康問題により休業した労働者の職場復帰支援の手引き（改訂）

厚生労働省（2015a）．改正労働安全衛生法に基づくストレスチェック制度について https://www.mhlw.go.jp/bunya/roudoukijun/anzeneisei12/pdf/150422-1.pdf 2020 年 6 月閲覧

厚生労働省（2015b）．労働者の心の健康の保持増進のための指針改訂（メンタルヘルス指針 改訂）

楢林理一郎（2013）．産業メンタルヘルスの臨床構造. 2 臨床編 第1章 領域ごとの

臨床実践　第7節 産業メンタルヘルス領域　日本家族研究・家族療法学会（編）家族療法テキストブック　pp. 232-234, 金剛出版

Roller, B. & Nelson, V.（1991）. *The art of co-therapy: How therapists work together*, New York: Guilford Press.

隅谷理子（2009）. 個と組織をつなぐということ――昇進・過重労働をきっかけに休職した研究職の復職事例から　上智大学臨床心理研究, 32, 49-58.

隅谷理子（2011）. 個人支援と組織支援をつないだ夫婦面接――再休職から退職に至った復職支援の事例から　上智大学臨床心理研究, 34, 21-32.

隅谷理子（2015）. 企業のラインと心理の復職協働支援におけるシステムズアプローチ技法の活用　心理臨床学研究, 33, 48-58.

山本和郎（1986）. コミュニティ心理学――地域臨床の理論と実践　東京大学出版会

山本和郎（編）（2001）. 臨床心理学的地域援助の展開――コミュニティ心理学の実践と今日的課題　培風館

〔第5章〕

Johnson, J. V. & Hall, E. M.（1988）. Job strain, work place social support, and cardiovascular disease: A cross-section study of a random sample of the Swedish working population. *American journal of public health*, 78, 1336-1342.

金沢吉展（2006）. 臨床心理学の倫理をまなぶ　東京大学出版会

Karasek, R. A.（1979）. Job demands, job decision latitude, and mental strain: Implications for job redesign. *Administrative science quarterly*, 24, 285-308.

坂本憲治（2005）. コミュニティに調査結果を治療的に活かすためのフィードバック・プロセス――病院臨床における心理検査の施行・解釈・伝達プロセスとの比較　福岡大学大学院論集, 37, 1-15.

坂本憲治（2006a）. 入院うつ病者のグループ・アプローチを用いた社会復帰プログラム――入院治療に特化した設定と運営, グループ技法の選択　福岡大学大学院論集, 38, 99-114 .

坂本憲治（2006b）. 精神科看護師がグループワーカーとして機能するための心理的援助――臨床心理士としての私論　福岡大学大学院論集, 38, 105-118.

坂本憲治（2006c）. ストレス病棟における患者の不満とグループミーティングの運営――看護師が行う病棟グループに臨床心理士が果たす役割　日本心理臨床学会第25回大会発表論文集, 141.

坂本憲治（2007）. ストレスケア病棟におけるカウンセリング――臨床心理士とカウ

ンセリング・ナースの役割　精神科治療学，22，833-837.

坂本憲治（2012）．学生相談カウンセラーの職業的発達に関する質的研究――「私の学生相談」を素材として　学生相談研究，32，187-200.

坂本憲治（2013a）．教職員と「問題を共有できない」困難の克服プロセス――学内連携の対処方略モデルの生成　学生相談研究，34，109-123.

坂本憲治（2013b）．学生相談カウンセラーの困難に関する探索的研究　川口短期大学紀要，27，109-122.

坂本憲治（2014）．非専任カウンセラーが学内の協働関係を構築するための'構え'　学生相談研究，35，44-55.

坂本憲治（2015）.「非専任」心理臨床家の組織における臨床心理的地域援助――学生相談実践をふまえた発展方略モデルの生成　福岡大学博士論文（未公刊）

坂本憲治（2017a）．組織における他職種協働（collaboration）の発展段階モデル――坂本（2015）の予備的検証と修正　福岡大学人文論叢，49，737-769.

坂本憲治（2017b）．心理臨床家の組織における協働的支援行動パターンとその特徴　福岡大学臨床心理学研究，16，11-21.

坂本憲治（2018）．心理臨床家の組織における協働的支援態度尺度（CAS-O）作成の試み　福岡大学人文論叢，50，1-24.

坂本憲治（2019）．心理専門職の求人情報の特徴と問題――2016年後半における臨床心理士の状況から　福岡大学研究部論集Ｂ：社会科学編，11，23-32.

坂本憲治・廣澤るみ・山本久美子・木村ミヤ子・加倉百合子・徳永雄一郎（2006）．ストレスケア病棟におけるうつ病者を対象とした復職支援プログラムの試み　福岡大学臨床心理学研究，5，31-35.

坂本憲治・廣澤るみ・山本久美子・古賀久美子・高田和秀・徳永雄一郎（2007）．ストレスケア病棟のうつ病治療過程における復職支援プログラムの意義　福岡大学臨床心理学研究，6，29-32.

Skovholt, T. M. & Rønnestad, M. H.（1995）. *The evolving professional self: Stages and themes in therapist and counselor development.* West Sussex, UK: Wiley.

田嶌誠一（2003）．臨床心理行為の現状と課題――まとめに代えて　氏原寛・田嶌誠一（編）臨床心理行為――心理臨床家でないとできないこと．pp. 242-269，創元社

角田秋（2012）．守秘義務．風祭元（監修）南光進一郎・張賢徳・津川律子・萱間真美（編集）精神医学・心理学・精神看護学辞典　pp. 181-182，照林社

〔付　録〕

隅谷理子（2010）．職場に生まれる"何か"〜復職支援の現場から〜　スーパーエッセイ　臨床心理士はかく語りき─9　外来精神医療，10，102-104.

山本和郎（1986）．コミュニティ心理学──地域臨床の理論と実践　東京大学出版会

〔著者紹介〕

徳田智代（とくだ　ともよ）　　　　　　　　　〔序章，第1章，第2章，第3章〕
　現職：久留米大学文学部　教授
　広島大学大学院教育学研究科博士課程後期修了。博士（心理学）。臨床心理士，公
認心理師。
　大学病院の精神科および小児科，精神科クリニック，教育委員会，中学校，大学な
どでの心理臨床活動の中で，協働に目覚める。その現場での「初めての心理専門
職」として，あるいは「一人職場」で，多職種との「ジョイニング」を心がけなが
ら一緒に働く環境であったことも大きく影響していると思う。趣味はロックやジャ
ズライブに行くこと。毎回，協働によって生み出される音楽とその時空の素晴らし
さに感動している。

坂本憲治（さかもと　けんじ）　　　　　　　　　　　　〔序章，第2章，第5章〕
　現職：福岡大学人文学部　准教授
　福岡大学大学院人文科学研究科教育・臨床心理専攻博士課程後期単位取得満期退学。
博士（臨床心理学）。臨床心理士，公認心理師，2級キャリアコンサルティング技
能士。
　精神科病院，外部EAPにおける労働者の心理支援，大学の学生相談を通して，多
職種協働を検討してきた。心理療法統合，キャリアカウンセリングに関心がある。
趣味は音楽。現在はなかなかできずにいるが，いつの日か，また小人数アンサンブ
ルやバンド，オーケストラでの協働ができる日を夢見ている。

隅谷理子（すみたに　みちこ）　　　　　　　　　　　　〔序章，第2章，第4章〕
　現職：大正大学　心理社会学部　専任講師
　上智大学大学院　総合人間科学研究科　心理学専攻　博士後期課程　単位取得満期退学。
臨床心理士，公認心理師。
　個と組織を支援したいという思いで，EAP，CAP機関のキューブ・インテグレー
ション株式会社（www.cubeintegration.com）を創業し，現在もエグゼクティブコ
ラボレーターとして企業のメンタルヘルス活動を実践している。その他，IPI統合
的心理療法研究所にて家族臨床（Co-therapy），組織におけるアサーショントレー
ニングを通して協働を考え続けている。趣味は茶道，料理。共に過ごす時間と空間
にはかけがえのない協働が生まれると信じている。

公認心理師のための協働の技術

教育と産業・労働分野における工夫

2021年3月31日　初　版第1刷発行　　　　　　　　　　　〔検印省略〕

著　者　　徳田智代　坂本憲治　隅谷理子
発行者　　金子紀子
発行所　　株式会社　金子書房
　　　　　〒112-0012　東京都文京区大塚3-3-7
　　　　　電話　03(3941) 0111 ㈹　FAX　03(3941) 0163
　　　　　振替　00180-9-103376
　　　　　ホームページ　https://www.kanekoshobo.co.jp
印　刷　　藤原株式会社　　製　本　　株式会社 一色製本